T0203244

*Prometo amarme
y respetarme
todos los días de mi vida*

ADRIANA MACÍAS

*Prometo amarme
y respetarme
todos los días de mi vida*

alamah

Prometo amarme y respetarme todos los días de mi vida

Primera edición: septiembre de 2015

D. R. © 2015, Adriana Macías

D. R. © 2015, derechos de edición mundiales en lengua castellana:
Penguin Random House Grupo Editorial, S.A. de C.V.
Blvd. Miguel de Cervantes Saavedra núm. 301, 1er piso,
colonia Granada, delegación Miguel Hidalgo, C.P. 11520,
México, D.F.

D. R. © diseño de cubierta: Penguin Random House / Jesús Guedea
D. R. © fotografía de la autora: Alejandro Pérez

www.megustaleer.com.mx

Comentarios sobre la edición y el contenido de este libro a:
megustaleer@penguinrandomhouse.com

ISBN 978-607-31-3446-0

Impreso en México/ *Printed in Mexico*

ÍNDICE

AGRADECIMIENTOS

Con gran gusto me reencuentro contigo, querido lector, después de siete años, mediante este nuevo proyecto que me llena de emoción compartir, agradeciéndote como siempre ser uno de mis motivadores en el camino de aprendizaje que recorreré hasta el último día de mi vida.

Gracias a mis padres Juanita y Manuel, siempre pendientes de cada paso que doy, guiándome con amor y sabiduría; a mi querida hermana Elo por su cariño y apoyo.

Gracias a mi amado esposo Juan, mi inspiración, apoyo y maestro favorito.

Este libro te lo dedico a ti, mi bebé, que a unas semanas de estar dentro de mí, me inspiraste, motivaste y llenaste mi corazón de la alegría más grande desde que supe que venías en camino; escribiste este libro conmigo y deseo de corazón que siempre tengamos la oportunidad de emprender proyectos juntos como éste, que muestra el amor, la fe y el respeto por nuestra vida y la de los demás.

Gracias a mis estimados amigos Patricia Mazón, César Ramos y Araceli Velázquez, que con todo cariño impulsan y pulen mi carrera como escritora.

Gracias Penguin Random House.

9

PROMETO AMARME Y RESPETARME TODOS LOS DÍAS PARA HACER UNA VIDA CONTIGO

A mí, como a casi todas las mujeres, me encantan las historias de amor. Yo era –y sigo siendo– una enamorada de las historias en que una chica ordinaria, poco agraciada, cuya suerte no le favorecía, en un momento recibía los beneficios del mundo para que el hombre más guapo, exitoso y popular se fijara en ella, compartieran una vida juntos y fueran felices toda la vida, terminando así con la mala racha de la protagonista. Pero después crecí y –por fortuna– maduré.

A partir de mi vida y la de muchas mujeres, disfruté las historias de amor en las que un apuesto y gallardo caballero salva a una pobre y desvalida joven, con la misma intensidad con la que amo y disfruto ver un unicornio. Gracias a eso pude hacer una vida con alguien más.

Francamente, lo pensé mucho antes de escribir este libro pues, al igual que muchas mujeres en algún momento, he flaqueado ante esa voz que te dice *¡llámalo!* (a ver, ¿no dicen que una forja su propio destino?, pues vamos forjándolo con este muchachón). Pero después recordé que tengo mucha **fuerza de voluntad**.

La fuerza de voluntad se desarrolla tal y como incrementamos la fuerza de un músculo, con disciplina y constancia. Y así como se necesitan ejercicios, máquinas, suplementos para fortalecer un músculo, de igual manera se necesitan herramientas, práctica y disciplina para fortalecer estas cualidades. Recordé cómo construir mi autoestima día a día me sirvió para hacer frente a uno de los más grandes retos que la vida me regaló.

Es verdad que nadie puede hablar de lo que no conoce o de lo que no ha vivido, así que antes de contar todas las metidas de pata de los demás, hablaré primero de las mías. Aunque en la actualidad comparto la vida felizmente con un gran hombre, quiero decirte que no fue nada fácil llegar hasta este punto en mi vida. Y es que, afortunada o desafortunadamente, siempre hay una relación fallida que te marca en algún sentido; puede ser que te haga más vulnerable o desconfiada y se convierta en un estigma que no te permita sentirte plena con alguien más por la sombra de lo que pasó; o quizá te haga más fuerte e independiente, pero menos tolerante y, a la mínima provocación, reacciones de manera negativa. O también puede ser que te transforme en una mujer fuerte y realizada que sortea las vicisitudes de la vida en pareja, en una mujer que da y, al mismo tiempo, nunca deja de ser ella misma.

Un día llegó el amor de mi vida (o por lo menos el que creí que era) y me pidió matrimonio. Fui la más feliz, no lo creía. En un abrir y cerrar de ojos, estaba organizando la boda. Muchas veces la gran emoción que sientes al vivir algo que deseábamos con toda el alma no te deja ver la realidad y, escudándote en nombre del amor, sueles justificar, incluso responsabilizarte de acciones o reacciones negativas en tu pareja. Y esto, mis queridas amigas, sucede por dos situaciones muy claras:

1. No tienes la suficiente autoestima y vives en el planeta Nadie-se-va-a-fijar-en-mí. Crees que no hay manera de dejar a alguien que ya decidió estar contigo así como eres; siempre te vienen a la cabeza las frases: "yo me conozco, sé que carácter tengo", "él ya me conoce y así me quiere", "él es mi pareja ideal".

2. Te da miedo –o pavor– quedarte sola. Te aterra la idea de "tú y el universo", piensas: "¿qué voy a hacer?" Ante este panorama, piensas que es preferible todo a dejar esa pareja y quedarte sola; o peor aún, crees que es mejor esta pareja de la que, al menos, ya conoces sus defectos y sabes manejar su histeria, a reinventarte y explorar nuevos horizontes, de modo que vives en el planeta sola, pues con un desconocido *nunca*.

Mis queridas amigas, la idea de dejar a una persona que se había fijado en mí, a pesar de mi discapacidad, era casi un pecado. Yo no concebía la idea de estar sola. A la distancia, les puedo decir –sin justificarme– que sentir esto no era del todo mi responsabilidad, pues crecí en un hogar con padres que se llevaban muy bien y se complementaban, y con abuelos que permanecieron juntos hasta que la muerte los separó.

Mi pasatiempo favorito era jugar con la bella Barbie que se casaba con el maravilloso Ken. Desde luego, Barbie no estaba sola, siempre tenía una pareja para el baile.

Por un lado, en mi vida adulta, yo podría ser una súper profesionista, emprendedora, empresaria y más, pero si no estaba casada, sentía que mi vida era un fracaso. Por otro lado, era vivir en una sociedad que no entiende del todo la discapacidad y cree que es una de las peores cosas. Así que era de esperarse que mi autoestima estuviera por los suelos.

Entonces, cuando un joven –que en lo sucesivo llamaré Armando– se acercó a mí con el interés de casarse conmigo, mi baja autoestima y yo no titubeamos ni por un segundo en darle la razón en cualquier situación, a pesar de que a veces no estaba de acuerdo. Él decidía adónde y con quién íbamos; decidía quiénes podían ser nuestras amistades, y si no estaba de acuerdo solía levantarme la voz. Él se desesperaba con facilidad y rápidamente perdió la galantería y coquetería. ¿Cómo me pude enamorar de alguien así? Bueno, es que las cosas no siempre fueron así, se fueron dando poco a poco.

Armando era un chico muy jovial y muy sociable, con esas dos cualidades, ¡claro que se hacía notar! Me buscaba, me invitaba a salir, era amable conmigo. Con la convivencia surgió una atracción y cuando la relación se dio yo estaba asimilando mi discapacidad, pues aunque nací con ella, en la infancia no significó ninguna diferencia hasta la adolescencia, cuando me di cuenta de las diferencias y dificultades que se me presentarían por no tener brazos. Enterarme de que si la vida no era fácil, para mí sería casi una misión imposible. Cada paso, por muy trivial que les parezca, para mí resultaba un logro fenomenal. Eso era algo que no sólo me aterraba, sino que me llenaba de miles de dudas: ¿podré lograrlo?, ¿podré disfrutarlo algún día?, ¿podré aspirar a algo así?, ¿podré dejar de estar preocupada por él?, ¿podré dejar de pensar en él?, ¿podré si me esfuerzo?, ¿podré? Ésa era la pregunta obligada ante cualquier sueño, deseo, reto, tarea, antojo.

Todo lo que me sucedía o llegaba a mis pies, desde mi concepción, era algo completamente inesperado, pues mi falta de autoestima hacía que sintiera que no merecía nada.

Cuando Armando y yo iniciamos nuestro noviazgo y él me presentaba a alguien desconocido o viceversa, todos sin excepción se sorprendían, incluso amigas mías decían "¿Cómo crees que tienes novio? ¿Y qué dice o qué piensa de tu discapacidad? ¿De verdad no le importa? Guau qué padre que te quiera así, definitivamente es lindo. N'hombre, qué bárbara, te sacaste la lotería."

Éste fue el inicio de un largo periodo de piropos y halagos para el hombre que se había fijado en "una mujer como yo". Así pasaron tres años hasta que llegó el momento en que estaba completamente convencida de que todo lo que venía a mí era inmerecido y casi casi un milagro, así que lo menos que podía hacer era resistir lo que pasara y cuidar con gratitud todo lo que tenía.

Sin embargo, poco a poco estas situaciones que surgían a mi alrededor minaron mi autoestima; y, al contrario, esas situaciones fueron nutriendo la autoestima de Armando hasta convertirla en egoísmo. Y cuando se planteó la pregunta obligada: "¿Será que esta mujer me merece?", su actitud cambió y se volvió una persona descortés.

Yo siempre lo justificaba, "No siempre se puede ser detallista", me decía. También se volvió desesperado, pero yo asumía la responsabilidad: "Claro, yo tengo la culpa, con esta discapacidad no puedo ser tan rápida como las demás personas", "Tiene toda la razón en molestarse, ya lo hice esperar demasiado." De esta forma me convertí en una mujer insegura, sin autoestima, pero no me importaba porque estaba comprometida y me iba a casar, tal y como lo había soñado.

En medio de este embrollo vino a mi vida el tesoro más grande que poseo, mi razón de ser: mi primera invitación para dar conferencias. Así fue como conocí la bendición de sentirme útil y valorada. Poco a poco fue desarrollándose esta oportunidad en la que me sentía como pez en el agua: libre y segura. Experimenté todo lo bien que alguien se puede sentir.

Cada vez que daba una conferencia, algo extraño y curioso empezaba a suceder. Y cada vez que Armando se enteraba de que iba a dar una conferencia, encontraba cualquier pretexto para armarme tremendo pleito. A pesar de todo, una vez que subía al escenario todo se me olvidaba.

Al tiempo que estos sucesos alimentaban mi alma, Armando empezó a desarrollar cierta inseguridad. Un buen día, al regresar de uno de los viajes más largos, él decidió romper el compromiso. La razón que me dio fue como la estocada final a mi autoestima: "No quiero lidiar con tu discapacidad toda mi vida, ¿qué tal si mis hijos nacen como tú?"

Como podrás imaginar, ese día lloré, y al siguiente y al siguiente, pero tenía que trabajar, no podía echar todo por la borda. Mi sentido de responsabilidad era enorme, gracias al ejemplo de mis papás. No obstante tuve que pasar por otro acontecimiento igual de doloroso.

Debía dar una conferencia en Tijuana. Cuando el avión aterrizó me recibieron con la noticia de que dos aviones se habían estrellado en las Torres Gemelas. Por nuestra parte no íbamos a cancelar la conferencia, pero por la falta de público era muy probable que se suspendiera. La hora llegó y, para sorpresa de todos, el auditorio se llenó por completo. Ver a tanta gente reunida para escucharme me dio la fuerza que necesitaba para seguir adelante. Todas esas personas despertaron en mi corazón la fe y la esperanza de que las cosas suceden por algo y siempre pueden mejorar. Esa noche dormí en paz y descansé para seguir adelante con lo que me tocaba enfrentar.

Cuando en la vida se nos presentan retos dolorosos tenemos dos caminos:

1. Sentarnos a esperar a que las cosas cambien y nuestros sufrimientos terminen.

2. Actuar y hacer algo al respecto.

En mi caso, no era opción esperar a que las cosas cambiaran, así que actué aunque no fue de la mejor manera. A veces decidimos hacer nuestro primer movimiento pensando que entre más rápido actuemos, más rápido terminará la situación de dolor. En esta idea hay algo de verdad; sin embargo, también sabemos que cuando actuamos sin analizar una situación desconocida, tal vez metamos la pata, y eso me pasó a mí. Quise recuperarme lo más rápido posible, así que forcé en todo lo posible mi ser para recuperar mi felicidad; forcé tanto mi organismo que generé una cantidad superior de endorfinas a las que normalmente produce el cuerpo; empecé a actuar de manera exagerada, demasiado eufórica. Por todo me reía a carcajadas, mi tono de voz era más alto de lo normal. Afortunadamente, no estaba sola, mi madre, quien me conocía muy bien, pronto notó el cambio y hasta el día de hoy recuerdo sus palabras: "Esa actitud en ti no es normal. Si piensas que estás haciendo algo al respecto para superar este momento, estás totalmente equivocada, pues lo único que estás haciendo es evadir el problema. Hacer de cuenta que no te duele tanto y jugar a que ya lo superaste no es buena idea." Pero, curiosamente, cuando estamos cometiendo un error, entramos a la etapa de negación: "¡Claro que no estoy evadiendo el problema, por favor!", "Hago lo que puedo, además es mejor hacer lo que estoy haciendo a estar triste y llorar por los rincones."

Finalmente, gracias a una muy buena jugada del destino, o podría decir que el viento sopló a mi favor, pues un huracán tocó tierra en costas mexicanas en septiembre de 2001, y las conferencias que tenía planeadas siguieron el mismo rumbo de ese huracán. De tal manera que todas fueron pospuestas. Era el momento de volver al hogar. Y no lo digo en sentido literal únicamente, sino también en lo emocional y espiritual. ¿A qué me refiero?

Cuando estamos en una relación de este tipo, muchas veces nos olvidamos de nosotras, de nuestros gustos, deseos, sueños, por seguir y aceptar los de alguien más. Muchas veces perdemos nuestra autoestima, por lo que es necesario regresar al hogar, a ese lugar que hace mucho no visitabas, donde habita tu amor propio, tu respeto, tu fuerza de voluntad y tu poder de decisión. Ése siempre tiene que ser tu hogar. Sé que no es fácil, pero tampoco es imposible regresar al hogar. No lo olvides.

Así llegó una noche muy larga a mi vida. Luego de guardar algunas cosas en mi maleta pues al día siguiente regresaríamos al D. F., mi mamá y yo nos alistábamos para dormir y ella me dijo que me notaba algo sería, que no estuviera triste, que esta pausa me serviría para reponerme de lo que había pasado. "Mamá, no sé cómo expresarte lo que siento, pues, por un lado, estoy feliz de regresar a la casa, pero, por otro lado, no quiero regresar y recordar todo lo que pasó. Quisiera olvidarlo todo", y comencé a llorar. Lloré casi toda la noche, no sentí en qué momento me quedé dormida.

Al despertar, me asomé a la ventana, vi el mar y un amanecer que me comprobaba que nada estaba perdido. Por increíble que parezca, a pesar del inmenso dolor que puedas sentir en algún momento de tu vida, ya sea por la pérdida de un ser querido o por un cambio irremediable, siempre va a amanecer.

> Con el sol llega otro día en el que tendrás todo a tu favor, tendrás el tiempo que poco a poco va pasando haciendo que ese tiempo esté más a distancia de ti y también tendrás más cerca esa paz y esa seguridad que estás buscando.

Aunque te dije que este proceso fue difícil, no quiero perder la oportunidad de decirte que no es imposible, que nada es imposible en la vida. Poco a poco irás tomando las riendas de tu vida.

Tal vez antes alguien decidía por ti; tal vez alguien te decía hasta dónde llegaba tu fuerza y tu creatividad. Y, tal vez, esto te haga sentir más insegura que nunca. Esto es normal, sin embargo no significa que no lograrás ser la mujer que eras: valiente, segura de sí misma y con un hermoso amor propio, sólo necesitas ejercitarte. ¿Por dónde empezar?, te preguntarás.

Si cada paso te recuerda momentos con la pareja que tenías, el desayuno, cómo organizar el día, el noticiero que le gustaba, en fin… De plano, ¿no puedes dar un paso sin recordarlo y por eso lo buscas para que regrese y se instale en ti una tremenda tristeza que no te deja avanzar? Piensa mejor en iniciar un nuevo camino. ¿Cómo?

- Haz cosas que solían gustarte, que antes te animaban.
- O bien, realiza actividades totalmente diferentes que te hagan sentir útil. Éste es el sentimiento que revive la autoestima.

Cuando estaba pasando por este proceso ya daba conferencias, pero en ninguna de ellas me había acercado a compartir con personas con discapacidad una filosofía optimista de la vida, tal vez porque me hubiera enfrentado a compartir el aceptarnos tal y como somos, con o sin discapacidad.

En cada conferencia escuchaba a los asistentes contar sus decepciones por no haber encontrado trabajo, amor, amistad; también escuché que tuvieron momentos de júbilo cuando gracias a su esfuerzo, su actitud y al amor de sus seres queridos lograron todo lo que en algún momento veían como efímero o inalcanzable, y poco a poco me fui sintiendo arropada y acompañada en esta lucha en la que me creía única. Fue así como empecé a reconstruirme para dar el segundo paso.

Me di cuenta de que no estaba sola, a pesar de que había querido aislarme. Recordé a mis amigos que dejé de frecuentar porque a Armando no le gustaba que fueran tan cercanos. Y aunque al principio fue difícil salir y convivir por el miedo a las preguntas, a las miraditas incómodas y a los comentarios sobre mi soltería, poco a poco iba ejercitando **la fortaleza**, iba **asimilando** que las cosas habían sucedido por mi bien y aislarme no era la solución. Comprendí que con "desaparecerme" del mapa **no** desaparecerían mis problemas.

Es bueno darnos pequeños lapsos para estar en compañía de nosotros mismos, para reflexionar y organizar nuestras ideas, para tomar mejores decisiones y hacer algo al respecto. Pero también es importante darte la oportunidad de convivir, salir, apoyarte en los tuyos.

> Tú decides hasta dónde abres tu corazón para compartir lo que pasó y lo que estás viviendo.

Erróneamente creemos que si salimos al mundo, debemos dar una extensa explicación de lo que pasó a todos los que se nos paren enfrente, para luego pasar a la justificación de por qué estamos saliendo. Pero no es así. Recuerda:

> Tú tienes las riendas, tú decides ahora.

Imagino lo que estás pensando, te entiendo más de lo que imaginas. El problema no es salir ni con quién, pues, ahora que lo reflexionas, amigos te sobran, el problema es el miedo a hablar de lo que pasó. Cada que platicamos revivimos esos momentos, por eso temes perder fuerza en el camino hacia tu recuperación. Sin embargo, debes ejercitar tu fortaleza y la única manera de hacerlo es ejercitándola.

Gran parte del trabajo que hacemos está en la convicción y las ganas de querer ejercitar esa fortaleza. Por eso, tienes que ir con la confianza de que posees las herramientas necesarias para fortalecerla. Aun sin ser científica ni doctora, yo te quiero compartir información para afianzar cada paso que des.

El cerebro controla todas las actividades que realizan cada uno de los órganos de nuestro cuerpo, también es el encargado de desarrollar todas las funciones que nos distinguen de los animales como lenguaje, pensamiento, razonamiento, aprendizaje, memoria, atención y muchas más.

En el cerebro hay dos zonas funcionales muy importantes, una controla los procesos que nos permiten aprender y otra los procesos inconscientes, es decir, aquellos de los que no nos damos cuenta que suceden. También hay una zona que se llama subconsciente, donde queda guardado todo lo que hemos aprendido y no utilizamos a diario, pero cuando lo necesitamos surge el conocimiento de inmediato.

En esta zona se desarrolla una de las cualidades más importantes del ser humano, la creatividad, una cualidad muy importante para tener éxito en la vida. Todos tenemos creatividad aunque en cada persona es diferente, pues depende de sus intereses y gustos.

El cerebro es maravilloso, no se cansa de aprender y tiene una enorme capacidad para hacerlo, sobre todo durante los primeros años de vida. Si no se le da información y no se aprovecha para producir, crear, construir, la inteligencia no se desarrolla. Así de simple. Cuando la empleamos para aprender, producir, crear, amar, corregir, relacionarnos de forma adecuada con los demás y construir, comprobamos su enorme poder, no sólo en nuestro cuerpo sino en el aprovechamiento y control de todo lo que nos rodea. El cerebro es el centro de la actividad intelectual que nos permite hablar, pensar, recordar. Coordina y regula cada movimiento voluntario o involuntario, consciente o inconsciente de nuestro cuerpo.

El cerebro y la inteligencia se estimulan gracias a la información que recibimos mediante nuestros sentidos. De ahí la gran importancia de que en estos momentos de tu vida te rodees de información positiva, de historias de perseverancia, constancia, fe y amor, pues aunque por el momento esta área de tu vida esté fallando, no debes cerrarte a ella.

Muchas son las funciones y partes que conforman el cerebro. Por ahora, sólo me enfocaré en las neuronas y en una sustancia importantísisma llamada mielina.

La mielina es una capa aislante alrededor de los nervios del cerebro y la médula espinal. Está compuesta de proteína y sustancias grasas. El propósito de la vaina de mielina es la transmisión rápida y eficiente de impulsos a lo largo de las neuronas. Una de sus principales funciones es conducir impulsos eléctricos que envían y reciben mensajes de todo tipo al cuerpo.

Entre las causas de pérdida de mielina están la inflexibilidad, el miedo y la ira frecuente e intensa. Todas ellas pueden ser factores que predisponen a deficiencias del sistema nervioso.

Los síntomas que lo provocan son:

- Un cortocircuito en la transmisión de los impulsos nerviosos.

- La pérdida de mielina por enfermedades ocasiona graves trastornos del sistema nervioso debido a que los impulsos eléctricos no se conducen con suficiente velocidad o se detienen en mitad de los axones y, al ser autoinmunes, el sistema de defensas ataca la mielina al considerarla como una sustancia desconocida, es decir, ajena al organismo.

- Aunque depresión, ansiedad, miedo y angustia pueden deberse a otros factores, es posible que sean síntomas de desmielinización.

¿Se puede regenerar la mielina?

Por supuesto que sí. Ésa sería la respuesta inmediata que daría tu cuerpo. Sin embargo, la *remielinización* del sistema nervioso es tema de controversia para la ciencia, la cual aún busca la forma, el fármaco o el proceso para estimular otra vez el proceso de mielinización de los axones.

La medicina natural considera la extraordinaria capacidad autocurativa y autorregenerativa del cuerpo, que tan sólo requiere de los elementos necesarios para efectuar su propia curación.

Entonces, tu cerebro, tu organismo y todo tu ser con base en un funcionamiento complejo y extraordinario tienen exactamente lo que necesitas para ejercitar la fortaleza, para hacerle frente a cada uno de tus miedos y salir adelante en una situación complicada. Y lo que necesitas ahora es actuar y trabajar todas esas herramientas a tu favor.

Cada vez que compartes con alguien más, te das la oportunidad de ver tu historia desde otra perspectiva y de escuchar desde algún consejo o sugerencia que te puede ayudar hasta palabras de amor y cariño que son muy valiosas.

Estoy segura que después de leer esto sabrás elegir a la persona indicada, la cual te querrá con toda sinceridad.

Sin embargo, debes estar preparado para cualquier momento oscuro, ese retroceso en tu avanzar. "¿Pero cómo?", pensarás. "Si todo iba muy bien, ¿por qué llegaría una recaída a tu vida?" Haz memoria si alguna vez has tenido alguna intervención médica; dentro de la recuperación hay pequeñas recaídas, pero eso no significa que hayas vuelto al punto inicial, es sólo que el alma y el cuerpo necesitan reacomodarse y para hacerlo necesitas pequeñas pausas, un recuento de lo que ha pasado y de lo que has hecho. De esta manera, puedes cerciorarte si vas bien y si lo que estás haciendo te convence al cien por ciento, pues en un momento emocional podemos tomar acciones o decisiones que nos parecieron las mejores. Necesitas estas pausas para lograr esa paz emocional que te ayude a tomar conciencia si en realidad estás de acuerdo, o a fortalecer tus acciones; que te diga si prefieres modificar tu andar.

Pues como decía mi querido amigo José Luis, "en el camino de la vida el paso más importante es el siguiente y después el que sigue y luego el siguiente". Así que no te angusties ni pierdas los ánimos.

> Desahógate en esta nueva pausa, revisa tus decisiones, fortalece las que te convencen y redirecciona las que crees que puedas mejorar. Y ahora sí prepárate para el siguiente paso.

Después de poner en práctica una y otra vez todo esto, hubo un momento en el que me encontraba con buena autoestima, con un trabajo que adoraba, amigos y mucha ilusión por el siguiente paso.

UN PASO ENORME A LA FELICIDAD, LA GRATITUD Y LA FUERZA

Había una vez un rey que se casó con su amante, la cual tenía un avanzado estado de gestación. El esperado vástago debía resolver el problema derivado de la falta de descendencia masculina del monarca. Aunque el nuevo matrimonio no había sido reconocido por la Iglesia de Roma y el rey acababa de ser excomulgado por su pecaminosa rebeldía, el próximo y ansiado alumbramiento del futuro príncipe llenó de alegría todos los corazones, y el del rey en primer lugar. Sólo faltaba que la soberana cumpliera con su misión pariendo un hijo vivo y sano, que habría de llamarse Enrique, como su padre.

El 7 de septiembre de 1533 se produjo el feliz acontecimiento, pero resultó que la reina dio a luz no a un niño, sino a una niña. El monarca sufrió una terrible decepción. El hecho de haber alumbrado una hembra debilitó la situación de la reina, más aún cuando el desencantado padre se vio obligado a romper definitivamente con Roma y a declarar la independencia de la Iglesia anglicana, todo por un príncipe que nunca fue concebido.

Éste no es un cuento de princesas, es parte de la historia universal. En 1533 el rey Enrique VIII de Inglaterra contrajo matrimonio con su amante, la altiva y ambiciosa Ana Bolena, quien esperaba el vástago. En ella recayó la responsabilidad de resolver el problema derivado de la falta de descendencia masculina del monarca, a quien Catalina sólo había dado una hija, María, que andando el tiempo reinaría como María I.

El 7 de septiembre de 1533 Ana Bolena dio a luz a una niña, Isabel I de Inglaterra. Desde tiempos remotos cada familia esperaba como primogénito un niño, que diera continuidad a su legado, ya que en tiempos de guerra era impensable ser liderados por una mujer, pues era sinónimo de debilidad. Por eso era esperado con tanta ansiedad un hijo varón.

Con el tiempo muchas mujeres demostraron valentía, liderazgo, fuerza, propuestas de crecimiento. Sin embargo, te has dado cuenta de que muchas mujeres ante una oportunidad fallida de cualquier tipo suelen pensar: "¡Claro, como soy mujer!", "¡No tenía que ser mujer!", "Y todo por una mujer, ni modo, m´hijita, aguántate, te tocó ser mujer", "Pegas como niña", "Corres como niña", "Lloras como niña". Todas estas expresiones se han convertido en un lastre que no nos permite construir nuestra felicidad.

Hay una regla muy simple pero de gran valor: "El nivel de gratitud que tengamos en la vida es equivalente al de la felicidad que tendremos." Con base en este principio te pregunto ¿por cuántas generaciones no nos hemos sentido agradecidos ante el alumbramiento de una mujer?, ¿cuántas veces has agradecido el hecho de ser mujer?

Con todo lo que conlleva la oportunidad de transformarnos, de ser coquetas, de incursionar en el área que nos guste; o tus días hormonales, tus achaques mensuales, etcétera. Si construir pieza a pieza nuestra felicidad es tener gratitud, y no iniciamos agradeciendo el hecho de ser mujer, ¿en qué cimientos montamos nuestra felicidad?, ¿por generaciones cuánta preocupación se sostuvo en la idea de que el primogénito no fuera varón y en quién se apoyaría la familia?

Pues recordemos que la necesidad de que el primer hijo fuera varón no era exclusiva de reyes, pues el trabajo duro del campo y de los oficios de antaño requerían la fuerza de un hombre; parte de la seguridad de las familias por las creencias de la época dependían de eso. Hoy por hoy en muchas áreas esa creencia se ha modificado y ahora encontramos mineras, corredoras de autos, toreras, luchadoras, boxeadoras. Tenemos profesiones en las que antes era impensable que una mujer incursionara. No cabe duda de que hemos hecho un gran equipo hombres y mujeres en una gran sociedad para hacer un mejor planeta.

La nuestra ha sido una lucha que llevó tiempo, dinero, esfuerzo, lágrimas, constancia, disciplina y creer que podíamos. Fue un trabajo de muchos años que no sólo nos benefició a nosotras, sino también a los hombres, pues el trabajo en equipo siempre ha sido una fuerza que hace superarse al mundo.

Ahora bien, en este orden de ideas, después de leer lo anterior estoy segura de que te sentiste orgullosa de ser mujer, pero no confundamos orgullo con gratitud. **Orgullo es la satisfacción que una persona tiene de sí misma.** Y gratitud es una actitud de reconocimiento de un beneficio recibido o que se recibirá.

Estoy segura de que con frecuencia te sientes satisfecha cuando tienes un logro emocional, físico o profesional. Cada logro es producto de un esfuerzo y una buena toma de decisiones. Ahora te pido que reflexiones y respondas estas preguntas:

- ¿Con qué frecuencia reconoces el beneficio de ser mujer?

- ¿Cómo definirías la gratitud de ser mujer?

- ¿Qué tan seguido decides tener esta actitud?

> Cada una decide qué actitud tomará. La gratitud es un pilar para construir nuestra felicidad, una llave que abre la puerta de la felicidad. Nunca dejes de sentir gratitud por todo lo que te rodea.

Por desgracia, a veces sólo agradecemos las cosas enormes o los sucesos inusuales, sin tener conciencia de todo lo esencial que nos rodea y es vital: el aire en nuestros pulmones, las sábanas que nos arropan, los dedos de la mano o del pie, el ser mujer, etcétera.

No debemos caer en el error de colgarle un peso a la gratitud y decir, por ejemplo: "¡Claro que agradezco ser mujer! Pero es una tarea dura", "no fue nada fácil parir a mis hijos", "pero si no fuera por esos días que llegan cada mes", "pero si no fuera por esos bochornos".

La gratitud debe ser libre para que cada logro fluya, cada experiencia o reto que la vida nos presenta fluya naturalmente. La gratitud es como una proteína natural que puedes generar en las cantidades que quieras. Si tienes gratitud, en automático te sentirás fortalecida y saciada en aquello que sentías vacío, pues el vacío que sentimos en la vida no nos permite alcanzar nuestra felicidad.

Ten gratitud por todo. Puedes comenzar por agradecer ser mujer. Empieza a llenar esos vacíos que no te dejan sentirte feliz. Sé agradecida de manera generosa y sin medida. Pronuncia "Estoy agradecida" cuantas veces te sea posible al día, así llenarás tu vida. La gratitud es infinita como infinita puede ser tu felicidad.

Tan fuerte como un diamante

Un carbón y un diamante están compuestos de lo mismo, pero ¿por qué son tan diferentes?, ¿por qué su valor es tan diferente?

El diamante es un carbón que resistió enormes presiones por un periodo muy largo hasta tornarse en piedra de gran valor. En cambio, las presiones del carbón son menores y su formación es mucho más rápida.

Este capítulo trata de la importancia de aguantar grandes presiones: la presión del qué dirá la sociedad, de qué cuentas le voy a dar a mi madre; de la presión provocada por la inmadurez, la economía, las responsabilidades, etcétera. Como muchas historias en las que se quiere encontrar un sentido a nuestra vida.

Algo que inició como una travesura se convirtió en una decisión de vida con muchas consecuencias. Alejandra, una niña de 14 años, tenía el sueño de ser ingeniera civil. Su novio de 17 años, le propuso irse a Acapulco saliendo del colegio. Con la inmadurez combinada con lo maleable que es la juventud, ella aceptó sin pensar en las consecuencias. Después de una semana regresó a su realidad; sin embargo, ella no tenía una manera clara de hacerle frente con miedo, inseguridad e inocencia más que con convicción; así que siguió instrucciones claras: "Tú te irás conmigo, nos vamos a casar y si tu familia no está de acuerdo en el matrimonio, aun así nos iremos juntos."

Después de una semana fuera de casa con los sentimientos encima del peso de haber defraudado a su mamá, sus cuidados, sus consejos, su amor, lo más cercano a resarcir ese daño era casarse, lo cual no suena nada mal, siempre y cuando se esté convencida y se tenga cierta madurez para vivir un cambio tan importante en la vida. ¿Pero a los 14 años? Por donde se viera no parecía la mejor opción.

Por más que su madre intentó convencerla de que no se fuera, la decisión ya estaba tomada, o más bien, podríamos decir que la instrucción ya estaba dada y al servicio del miedo; no había otra salida más que obedecerla. Alejandra se fue con su novio y se casó. Dos años después tuvo tres hermosos hijos, su pareja descubrió que había un mundo por vivir, que había más mujeres y, al tener un oficio que les resolviera lo económico, él descubrió las mieles de la libertad y la independencia.

De manera que el amor no pudo florecer con plenitud y con el tiempo se convirtió en autoritarismo. Esto provocó que Alejandra no terminara de construir su autoestima, los miedos de una niña de 14 años crecieron más, pues ya se habían convertido en los miedos de una mamá dependiente de un hombre que no la amaba, con serias limitaciones cotidianas como no poder salir con amigas y qué esperanzas de tomar algún curso. Sus sueños de ser ingeniera civil nunca pasaron de ser sólo eso, sueños.

> La vida tiene formas caprichosas, y a veces dolorosas, de abrirnos los ojos y el corazón para darnos una nueva oportunidad de salir de ese fondo oscuro o de hundirnos más.

Así, al corazón completo, pero infeliz de Alejandra, le fue arrebatado un pedazo de una manera muy dura. Su hija con tan sólo 16 años murió en un fatal accidente automovilístico. Alejandra pasó sumida varios meses en la tristeza, pero a la vez surgió en ella la valentía que antes no tuvo y tomó las riendas de su vida para construir lo que se merecía y que una decisión de inmadurez y miedo le arrebató. Al no encontrar amor en la pareja que prometió amarla y respetarla todos los días de su vida, primero decidió buscar ese amor en ella misma, salir de la burbuja que fue el consuelo de un error por muchos años, donde se sintió segura pero marchita, sin la preocupación de responsabilizarse por sí misma pero infeliz.

En un momento duro la vida le demostró lo valiente que podía ser. Su hijo de 14 años decidió quedarse con su padre, ella y su pequeña de cuatro años regresaron con su madre aún con temor, pues la balanza del tiempo estaba inclinada hacia su vida matrimonial, ya que había convivido más tiempo con su pareja que con su madre.

A pesar de este panorama tan negro las cosas empezaron a cambiar. La mamá de Alejandra le permitió instalar en su estética una mesa para poner uñas de acrílico, y así inició una historia de éxito que se fortaleció por el aire fresco de la libertad, de la esperanza y de la oportunidad de cambiar el rumbo.

Alejandra, encontró su pasión en este proyecto, y poco a poco perfeccionó su técnica hasta crear una moda al colocar piedras de Swarovski para decorar las uñas. Aunque era un producto caro, las mujeres *fashionistas* empezaron a regar como pólvora la moda y muchas hicieron el esfuerzo por darse ese lujo.

Nuestra protagonista encontró ahí su nicho de oportunidad, 19 años después.

A veces pensamos que no merecemos las cosas y que las oportunidades son inalcanzables, pero la realidad es que siempre van caminando en paralelo con nosotras, esperando que las volteemos a ver.

> Toma esas oportunidades con decisión y valentía para cruzar tu camino y hacer uno solo.

Alejandra creció personal y profesionalmente, montó un negocio exitoso que se convirtió en franquicias. Su historia nos enseña qué se necesita para empezar un proyecto que nos dé el poder y la responsabilidad de ser independientes:

- **Tener un propósito.** Piensa hasta dónde quieres llegar, toma las tareas cotidianas como pequeños pasos que te llevarán a tu gran proyecto.

- **Enfocarte.** Ten claro hacia dónde vas sin distraerte en un pasado que ya no puedes cambiar, posiblemente puedas resolver algunas cosas, eso sí lo puedes tomar en cuenta. Y no idealices el futuro, porque aunque tu mente debe observarlo con optimismo, la realidad es que el futuro es incierto y ni tú ni yo sabemos qué pasará. Lo único que nos queda es el presente, con él podemos trabajar.

  Si te distraes con facilidad y sientes que el tiempo se te desvanece como agua entre los dedos, y cuando menos te das cuenta ya se te fue la semana, el mes y, con él, el año, algo que te puede servir es concentrarte en tu respiración o beber un vaso de agua y hacer conciencia de cómo va refrescando tu cuerpo, cómo ese trago de agua fluye dentro de ti. Estas simples tareas te ayudarán a crear el hábito de enfocarte en el aquí y el ahora.

- **Prepararte.** Los panoramas nuevos tienen algo maravilloso y enigmático, la novedad. Ella nos puede envolver y llenarnos de entusiasmo, pero a la vez aterrarnos y frenarnos. Por eso es importante que tengas herramientas útiles para explorarlo, como libros, talleres, conferencias, todo aquello que ayude a nutrirte el alma y la mente, será el mejor equipamiento para conocer a fondo este nuevo panorama y disfrutar y gozar al máximo el viaje que emprenderás.

- **Dar seguimiento.** Ahora, cada semilla que siembres depende de ti y de tus cuidados. Es importante que sigas el desarrollo de cada una, muchas de ellas florecerán y otras no. Esto funciona como prueba y error, puede ser que en un principio les pongas demasiada agua pensando que es lo mejor pero en realidad las estás ahogando, y para la próxima le pongas menos. Las plagas no se harán esperar, así que es importante que estés alerta con el antídoto. Con ello me refiero a todas las puertas que estás tocando. Revisa qué ha pasado con cada una de ellas, ¿se abrieron?, ¿se cerraron?, ¿por qué no se abrieron?, ¿por qué se abrieron?

  ¿Te has fijado que muchas veces nos enfrascamos en algo que no funcionó y pocas veces analizamos lo que sí nos funcionó para replicarlo y mejorarlo? Bueno, pues para esto te servirá el seguimiento.

- **Ser constante.** Las personas que no se equivocan, las que nunca tienen problemas son las que no hacen nada. Al salir de tu zona de comodidad, te conviertes en blanco de errores, decepciones, tentaciones, pero aprende que todo lo que te ocurra será parte del viaje. Aprender a convivir con las experiencias de la vida, a sortearlas y seguir adelante. Permite que esos momentos fluyan, obsérvalos pues posiblemente se asomen a tu ventana. Lo que te ayudará a impedir que la ventana del desánimo se abra es la constancia.

Emprender un negocio no es fácil, tampoco cambiar tus creencias o construir un nuevo camino. Pero tampoco fue fácil dar los primeros pasos, decir las primeras palabras, dar tu primer brinco, ir a tu primer día de escuela, ¿no?

> Aguantar las presiones te convierte en un diamante de gran valor que reflejará la luz de cada esfuerzo por todos sus lados.

Cada vez que decides ponerte de pie o reconstruir tu corazón; cada vez que te levantas de la cama, maquillas y sales a luchar por lo que quieres –y mereces–, te aseguro que será recompensado porque *actuar* es la manera de *amarte y respetarte todos los días de tu vida*. El compromiso contigo misma construye un mejor destino para ti.

MI
TESORO
MÁS
PRECIADO

La vida nos cambia a todos por igual segundo a segundo, eso es inevitable. Vivimos en un mundo cuya esencia es el cambio. Lo que nos hace diferentes a cada uno de nosotros es la capacidad de adaptarnos a esos cambios con la mejor actitud posible.

Juanita era una joven de 23 años, llena de sueños, recién casada y recién estrenada como mamá. Aunque el comienzo de la relación con Manuel, su esposo, no fue nada sencillo, el amor los mantenía unidos. Él era un joven de provincia y ella una de ciudad. En los planes de Manuel siempre estaba regresar a su ciudad natal. El amor hizo que aceptara quedarse en la ciudad y ahí echar raíces mientras se afianzaba el matrimonio.

No cabían en sí de la alegría pues, a los seis meses de haber nacido su primera hija, el destino los sorprendió con la noticia de que un nuevo bebé estaba en puerta. La familia siempre se distinguió por su alegría y optimismo, y aunque los recursos económicos eran ajustados eso era lo de menos, pues donde comían tres sin mayor problema comerían cuatro. Además, según el dicho de abolengo, "todo bebé trae una torta bajo el brazo" auguraba que el bebé traería bendiciones para ese hogar. Lo importante era que la familia iba a crecer más con la llegada del nuevo integrante.

La espera se fue rapidísimo y el momento del parto se presentó. Doña Juanita, llena de nerviosismo y emoción, acompañada por sus padres, fue ingresada a un hospital público, pues ése era el primer día de trabajo de José. Él no tuvo más remedio que acompañarla de corazón y confiar en que todo saldría bien. Todo estaba listo para recibir al bebé. Al momento de nacer se escucharon los llantos de una niña, que fue recibida con seriedad y desconcierto por los doctores. De inmediato, el ambiente se tornó tenso, sombrío y preocupante para Juanita, quien, sin escuchar palabra alguna de los doctores, presintió que algo no andaba bien. Desesperada y preocupada preguntó qué pasaba. Los doctores alzaron a una niña sin brazos.

La angustia, preocupación, incertidumbre, miedo al futuro y un montón de dudas embargaron a esta madre. Ante la desesperación los doctores sólo podían tranquilizarla con sedantes para que asimilara la situación a la que debía enfrentarse.

Cada que la anestesia se desvanecía, el cúmulo de emociones parecía ahogarla. "Si no se calma, tendremos que sedarla de nuevo", le advertían los doctores. "Su esposo no puede ingresar hasta que se encuentre consciente. Él le envió esta carta." Tras escuchar estas palabras, Juanita perdió el conocimiento. Afuera Manuel estaba desesperado por lo que escribió la siguiente nota: "No tengas miedo, yo te quiero mucho y vamos a salir delante de este gran reto. Yo siempre voy a estar ahí para ustedes."

Cuando Juanita despertó, la nota de Manuel y su enorme entereza la hicieron sobreponerse para resistir y tomar las riendas de la situación con cordura. ¿Cómo y por dónde empezar, cuando se siente que todo está en ruinas? Sólo se necesitan cuatro minutos para que una casa sea destruida por el fuego; parecía que lo mismo les había sucedido a Manuel y a Juanita porque, en tan sólo unos minutos, el futuro que habían construido parecía reducirse a cenizas. Ahora se enfrentaban a la decisión más importante de sus vidas, ¿ser parte de esa destrucción o empezar a construir un nuevo proyecto de vida?

En momentos cruciales de la vida es de gran ayuda cuestionarnos si lo que estamos pensando, hablando o haciendo contribuye a la destrucción del proyecto de vida que queremos, o si nos sirve para construir lo que nos gustaría tener. No sólo debemos pensar en aspectos materiales, sino en la armonía emocional para nosotros y los nuestros.

Esta pregunta, formulada a conciencia, nos hará ver con claridad hacia dónde vamos; eso nos impulsará a comprometernos más y, con ello, también nos mostrará que si destruimos una creencia negativa, eso nos servirá para, en su lugar, poner una positiva. La destrucción debe tener algún sentido, cuyo fin último es la construcción propositiva.

Recuerda que la realidad se transforma desde la aceptación.

La naturaleza es muy sabia, en ella hay muchas respuestas a problemas cotidianos. Pensemos, por ejemplo, en esta regla: "No sobreviven los más fuertes de la especie, sino aquellos que son capaces de adaptarse positivamente al cambio y de aceptar aquello que no pueden cambiar."

Había nacido una niña sin brazos, pero no sin "su torta", es decir, sin su bendición. Para sacarle provecho a esa oportunidad se necesitaba amor, valentía y, principalmente, paciencia.

Manuel y Juanita decidieron adaptarse a su nueva vida, tarea nada sencilla. Los médicos iniciaron una investigación, primero habría que saber por qué la niña había nacido con esa discapacidad. Se practicaron numerosos análisis genéticos. Los padres dejaron que los expertos llegaran al origen de sus preguntas. Muchas veces las reacciones eran agresivas y, en vez de ayudarlos a buscar una solución, los "expertos" se enfocaban en buscar al culpable. Esto generó que la pareja sintiera la responsabilidad y se sumiera más en el problema, sin encontrar ninguna respuesta.

En una consulta Juanita se sintió angustiada por lo que el médico le dijo: "Ay, señora, ahora llora, pero cuando se tomó lo que ocasionó esta situación no se preocupó por las consecuencias." La opinión de este médico hizo que Manuel entrara en un nuevo despertar y empujara al supuesto experto para sacar a su mujer de ese lugar.

Juanita observó a su hija e hizo contacto con esa mirada inocente sin preocupaciones, tranquila y tan llena de paz que alcanzó para las dos.

Cuando sentimos la fuerza de las personas en las que confiamos, nos hacen sentir fuertes. Esos son los vínculos positivos. La primera persona en la que confía un ser humano es en sus padres, los bebés en un principio experimentan todo por medio de las sensaciones. Esa tarea es una gran responsabilidad que sólo se enfrenta con valentía. Pocas veces los padres la toman con la seriedad que corresponde.

Transmitir fortaleza no es exclusivo de un adulto, por increíble que parezca: un bebé nos puede inyectar la fuerza necesaria para enfrentar el reto del cambio, de la incertidumbre que acompaña al cambio, de la duda que acompaña las decisiones que tomamos.

Juanita, nutrida de esa fuerza, abrazó a sus dos hijas y como primer paso decidió *perdonarse* por lo que deseaba, por lo que pudo haber sido y no fue. Desear algo que no podrá ser no nos deja avanzar, más bien nos estanca; "¿por qué las cosas no son como yo quisiera?", solemos preguntarnos. Este tipo de interrogantes nos llena de culpas, de preguntas sin respuestas y nos introduce en un laberinto que sólo nos hará perder tiempo valioso. Por ello, necesitas hacer una pausa y observar tu entorno con detenimiento para encontrar respuestas, ya que en la simplicidad de la vida están las respuestas a las preguntas más complicadas. Ahí, en ese espacio de conciencia, dejamos de vivir con prisas.

La prisa es una enfermedad de la humanidad. Todo el tiempo tenemos urgencia de saber qué pasará, si nuestros problemas se resolverán, si podríamos ser más independientes, si tendremos trabajo, si nos casaremos, etcétera.

Vivir con prisa es tan absurdo como pensar en todo lo que "le espera a un bebé". Detente, ¡si se trata de un bebé! Pensar que un bebé irá a una entrevista de trabajo, genera angustia, ¿no crees? No podemos tener respuestas a preguntas inciertas porque el futuro es incierto.

Juanita observó a su otra hija tan sólo un año mayor que la recién nacida y comprendió que las preocupaciones que una y otra le generaban eran completamente distintas. Mientras se preocupaba por el biberón y el cambio de pañal de la niña mayor, de pronto le venía a la mente la duda de dónde estudiaría su hija de meses, "¿cómo sortearía las dificultades de la vida de cualquier niño?, ¿qué sería de ella cuando fuera grande?", y otras preguntas por el estilo. Todas sus inquietudes eran ilógicas, estaban desfasadas de la realidad porque apelaban a un tiempo a veinte años de distancia.

Así que pensó que el siguiente paso sería enfocarse en resolver el presente poco a poco. Primero atender las prioridades y trabajar en ellas día a día. Eso le daría las respuestas a cada una de sus preguntas, por pequeñas o simples que fueran. Juanita se enfocó en las actividades propias de sus bebés y en juegos que fueran aptos para las dos.

En pareja Manuel y Juanita se dieron cuenta de que la más pequeña empezó a usar sus pies como si fueran sus manos. Agarraba el biberón y los juguetes con los pies. Mientras seguían en la búsqueda de más respuestas a sus dudas, fueron tomando eso como juego.

Estos padres acudieron a una institución donde les sugirieron ponerle a su hija unas prótesis, pero a una edad mayor. Sin embargo, como las hermanas sólo se llevaban un año, Juanita pensó que si iba a inscribir a la mayor al kínder, su otra hija también tendría que estar en la escuela. Por ello insistió y convenció a los doctores de que lo más pronto posible le hicieran unas prótesis a su hija. Tentador e interesante era el reto que les dejó, y ellos se pusieron a trabajar en ello.

La historia no acaba aquí. Más adelante esa familia se enfrentó a un reto mayor. Cuando Juanita vio las prótesis, quedó impactada por el tremendo caparazón, pesado y caliente que le tendría que poner a su bebé. ¿Cómo le iba a explicar a una niña de tres años que tenía que usar unas prótesis? ¿Durante cuánto tiempo la llevaría a la terapia? Con un sentimiento de impotencia, de ganas de querer aventarlas por la ventana, tuvo que dejar de lado todo sentimiento negativo y pensar en su hija, en que estaba frente a una posibilidad para que la niña enfrentara ese reto. Esta motivación la hizo tomar fuerzas para rescatar su paz interior y no perder de vista su objetivo.

Juanita estaba consciente de que es muy sencillo transmitirle emociones a un niño, de manera que si la pequeñita sentía a su mamá preocupada o insegura, ella también se comportaría con la misma actitud.

> La actitud y los sentimientos con los que nos mostramos a un niño tienen que ser muy asertivos porque serán su mejor ejemplo y guía de comportamiento.

Juanita, con la mejor actitud que pudo, utilizó una herramienta ideal para que su hija de tres años aceptara usar las prótesis, sin que sintiera que dejaría de ser la princesa del cuento y se convertiría en el Capitán Garfio.

La convicción más que la imposición sería la clave. Así que tomó los garfios y le enumeró a su hija todas las cosas que podría hacer si accedía a usarlas; le aseguró que las quería como a ella y tomó las prótesis con mucho cariño y gusto, incluso les dio un beso. Al ver ese amor su nena aceptó gustosa usarlas, con lo cual Juanita logró dar un paso muy importante hacia su desarrollo: el principal objetivo de esos padres era que su hija se preparara como lo hacía su otra hija, pues la mejor herencia que se le puede dejar a un hijo es la preparación, la mejor manera de equilibrar su discapacidad.

Juanita enfrentó este reto gracias a que se amaba a sí misma, a que tenía seguridad. Esto multiplicaba sus posibilidades de encontrar soluciones.

> Cuando uno se ama sin condiciones, no hay espacio para los temores. Amarse es asumir el compromiso de superarse día a día, comprometerse a continuar y con ese entusiasmo salir adelante con el tesoro más preciado: tu familia.

NO TRAICIONES TUS SUEÑOS

Lucía era una niña enamorada de las películas antiguas, le encantaban los teatros y una vida llena de *glamour*. Le encantaba la vida social de sus padres. Para ella, cada reunión significaba un enorme desfile de modas, en el que señoras y señores vestían distintos atuendos. Había detalles diferentes en sus vestidos, en sus accesorios, en los colores, que le despertaban una gran inspiración, pues ella soñaba con ser una gran diseñadora, pero el destino a veces nos juega bromas inesperadas.

En el tercer semestre de la carrera, Lucía conoció a Alfredo, un joven carismático lleno de amigos, con una manera divertida de conducirse, pues aunque a veces parecía que le iba mal en alguna situación, se escapaba de los problemas como liebre. Con una vida relajada, en cuanto conoció a Lucía no dudó en que ella era una mujer con la que compartiría su vida después de que Alfredo de graduó y entró a trabajar en la empresa de su abuelo. Con un futuro prometedor se sintió seguro de pedirle a Lucía que se casara con él. Ella recordó sus sueños y le pidió que esperaran, que estaba a un par de semestres de salir de la carrera.

Pero Alfredo, hombre de personalidad fuerte, la convenció de que se casaran y que después de su luna de miel ella podría retomar su carrera. Con esta promesa Lucía se sintió segura y, sin pensarlo más, aceptó la propuesta. Después de una boda y una luna de miel de ensueño, a su regreso Lucía pensó en seguir con sus planes, pero Alfredo tenía otros.

Cuando se dispuso a ir a la universidad, él le preguntó: "¿Y ahora tú, adónde vas tan arreglada?" "Pues a la universidad, como quedamos", respodió Lucía, extrañada por la pregunta. Alfredo, molesto y algo serio, de inmediato la convenció: "Mira, Lucía, esos planes que tú tenías eran antes de casarnos. Debes madurar y pensar ahora en nuevos proyectos como la mujer casada que ya eres. Ahora yo necesito de tu apoyo, necesito que organices reuniones para hacer contactos, que te enfoques en lo que podemos hacer para incrementar nuestro presupuesto." Lucía quedó desconcertada y sin saber qué hacer; en parte le sonaba razonable lo que Alfredo le pedía, ¿pero y sus sueños?

Pasaron algunos meses y Lucía sentía que podía hacer las dos cosas, apoyar a su marido y terminar su proyecto. Quiso preparar una cena para sacar el tema a colación y convencer a Alfredo de que le permitiera regresar a estudiar. En medio de la cena Lucía le contó su idea, pero Alfredo no lo tomó nada bien, se despertó en él una molestia y, como ráfaga inesperada en medio de un ¡no!, la abofeteó. Ella se quedó desconcertada y asustada, no podía creer que ese joven carismático que con tanto amor le había dado un anillo de compromiso la hubiera golpeado. Sorprendida y triste trató de ver ese momento como un malentendido, pero por desgracia *un golpe nunca es un malentendido* y, tras el primero vinieron más golpes, empujones, gritos y decepciones.

Lucía seguía recordando aquel hombre del que se enamoró. Ese recuerdo la hacía justificar cada muestra de violencia, cada abuso, por mucho tiempo, hasta que su autoestima se convirtió también en un recuerdo.

Esta situación hizo que Lucía hiciera una franca reflexión: ¿ésa era la vida que había soñado?, ¿ésa era la vida que se merecía?, ¿era su deber de esposa aceptar y aguantar?; ¿en esas condiciones podría recuperar lo que un día fue y el destino que quería construir? *La infelicidad sí tiene una utilidad, nos indica dónde no debemos estar.*

Por mucho tiempo Lucía despertaba, se arreglaba y comía sólo para hacer presencia en el mundo. Dejó de hacer contacto con su fuerza interna, de luchar por su bienestar, de ser una mujer pensante y reflexiva. Ella sólo era un ramillete de decepción, tristeza, frustración y melancolía. Hacía tanto que no veía las bendiciones que la rodeaban por la enorme tristeza en la que estaba hundida.

Por fortuna, después de tantos golpes, reflexionó si en realidad tenía que vivir todo ese dolor. Entonces, su mente y su corazón le dictaron que debía que ir más allá de lo que estaba viviendo para construir algo mejor, pues tenía la bendición de estar viva y no podía desperdiciar esa grandiosa oportunidad.

En la vida siempre debemos combinar los sentimientos y la reflexión para comprender lo que sucede a nuestro alrededor, lo que nos pasa: ¿cuál es el sentido de nuestra vida? No obstante, Alfredo no era una persona que llegó "sin razón" a la vida de Lucía, pues *todas las personas aparecen en nuestra vida con la finalidad de que encontremos sabiduría personal*. Lucía decidió encontrar esa sabiduría en ella y comprendió que lo más importante no era pedirle que cambiara, dejara de golpearla o la amara como antes; lo primero era convertirse en un instrumento de su paz. En vez de esperar al ser amado, debía amarse a sí misma con pasión y sin peros. No era una tarea fácil, después de haber vivido en un sistema de pensamientos que no eran los suyos.

Empezar a reconstruir tu mundo te llenará de incertidumbres, pero debes tener más presente que nunca que la peor decisión es aquella que no se toma, que la angustia que sientes es porque te encontrabas en un mundo lleno de limitaciones. Toma en cuenta que la palabra angustia proviene de la palabra angosto.

Después de tomar decisiones, empezarás a avanzar y ese camino que antes sentías tan angosto se abrirá a un mar infinito de posibilidades. Luego de "tocar fondo" o pasar por la noche oscura del alma, como le llamaba san Juan de la Cruz, llegará el tan anhelado encuentro contigo misma, en el que tendrás tiempo para reflexionar, identificar o recordar las herramientas para dirigirte a ese destino que una vez imaginaste para ti.

Todo lo que nos rodea, la silla donde te encuentras, la ropa que traes puesta, todo fue imaginado por alguien que después lo creó. Entonces, no te limites, es *momento de imaginar qué quieres para ti y crearlo*.

Lucía recordó lo creativa que era para diseñar abrigos, vestidos, sombreros y tantos accesorios que resaltaban la belleza de la mujer. Cayó en la cuenta de que la creatividad no sólo servía para hacer un vestido bonito, sino también para:

- Encontrar recursos y soluciones ante cada reto.
- Orientarse a valores positivos.
- Ayudarse a ser flexible y rehacer su destino.
- Enfrentar con la mejor actitud las situaciones de cambio.

Gracias a este trabajo interno Lucía tenía las posibilidades que quisiera: buscar terapia de pareja, separarse, seguir con su proyecto de vida, darse un tiempo, buscar una reconciliación, encontrar una nueva pareja, seguir sola, en fin…

> Amarte y respetarte te da la libertad para tener todas las opciones que quieras y la fuerza para decidir y asumir las consecuencias de esa decisión.

Una decisión para ser feliz

Paz era una bióloga que se adelantó a su época. Las experiencias y la madurez con que tomaba sus decisiones, siempre en pro de un bienestar personal y de los que la rodeaban, hacía que cada vez sus ideas y sus investigaciones se adelantaran a su tiempo.

La vida le permitió experimentar momentos dolorosos como la muerte de su padre a un mes de su boda, o un divorcio doloroso que la separó de sus hijos por cinco años, pero también le permitió vivir momentos grandiosos como el reencuentro con sus hijos o con amigos increíbles y divertidos. Entre éstos están la mamá de Verónica Castro y la maestra de la preparatoria de Gabriela Brimmer Duglacz, una joven con parálisis cerebral tetrapléjica, cuya entereza le permitió ser escritora y fundadora de la Asociación para los Derechos de Personas con Alteraciones Motoras (ADEPAM) en 1989.

En ADEPAM se realizan trabajos de servicio social, médico, psicológico, fisioterapia, terapia ocupacional, alfabetización, y se brindan actividades culturales y recreativas. El 25 de mayo de 1999 asumió el cargo de vicepresidente de la mesa directiva de la Confederación Mexicana de Limitados Físicos y Representantes de Deficientes Mentales, A. C.

Entregada a sus proyectos y a la felicidad de sus hijos, Paz aprendió a disfrutar y saborear a conciencia y a plenitud los mejores momentos del día. Uno de sus favoritos era tomarse un momento en las tardes para prepararse un té negro con leche, fumarse un cigarro al tiempo que escuchaba su música favorita. Ése era el momento del día que había elegido, pues en el trajín de las responsabilidades, los retos y la rutina es importante elegir esos momentos y repetirlos hasta que se conviertan en un hábito existencial. Ese ritual hacía que su vida se llenara de más y más momentos de plenitud cada día, pues saborear un tiempo para ella sola contagiaba cada una de sus células, lo que provocaba que su cerebro buscara con facilidad la paz y renunciara a los malos momentos. De esta manera, sus capacidades fueron más efectivas e hicieron su existencia cada vez más gratificante.

Lo que más disfrutaba Paz eran sus proyectos de trabajo: fue una de las biólogas que informó que el volcán Popocatépetl siempre ha estado en actividad, la cual podía incrementarse en unos años. Y así fue. En 1991 se inició este incremento y a partir de 1993 las fumarolas eran visibles desde distancias de 50 kilómetros.

Paz era una mujer plena y llena de cualidades, las amistades e invitaciones no le faltaban. Un buen día el amor tocó a su puerta. Antonio, un hombre encantador, la rodeó de atenciones y muestras de amor. La proposición de matrimonio no se hizo esperar, pero con la promesa de matrimonio también llegó la posibilidad de hacer una nueva vida en Huatulco por el trabajo de Antonio. Parecía un cuento de hadas, pues después de tantos retos se le ofrecía hacer una vida nueva en una playa hermosa, con una persona que no quería que ella hiciera el mínimo esfuerzo o tuviera alguna preocupación. Siempre le tenía una persona disponible para apoyarla en lo que necesitara.

Pero Paz, amante de la ciencia y el trabajo, empezó a extrañar sus investigaciones y su vida como bióloga. Es cierto que nadie puede apartarse de su esencia ni de sus pasiones. Como fue una maestra destacada de la UNAM, no se hizo esperar un ofrecimiento difícil de resistir: participar en el montaje del primer museo en México, dedicado a promover la ciencia y la tecnología entre el público, así como brindar apoyo a los proyectos de ciencia de las universidades. Después de platicar con Antonio, acordaron que era posible que él viajara periódicamente a la Ciudad de México mientras ella desarrollaba tan ambicioso proyecto.

Durante dos años de arduo trabajo, de ver ir y venir al amor de su vida, llegó el día de la inauguración del museo. En medio de la fiesta, el director del museo hizo un nuevo ofrecimiento a Paz: le pidió que fuera la nueva directora de relaciones públicas. Desde luego que fue un momento lleno de plenitud para ella. Mientras todos esperaban su confirmación, ella tímidamente respondió: "Bueno, claro que me encantaría, pero antes tengo que consultarlo con mi familia." "¡Excelente!", grito con júbilo el director del museo esperando su respuesta.

Paz se acercó a Antonio y le preguntó su opinión. Él le respondió que estaba cansado de no tener a su esposa en casa: "No, definitivamente no. Yo creo que éste es un buen momento para que decidas entre tu trabajo o yo." Sin más que pensar, Paz levantó su copa para anunciar su respuesta: "Queridos colegas, con todo gusto acepto este ofrecimiento, el cual me hace sentir sumamente honrada y feliz por la confianza que depositan en mí."

Antonio se despidió del hijo de Paz y se disipó entre los invitados. "¿Mamá, qué pasó?, ¿ya no regresarás a Huatulco con tu esposo?" "Mira, hijo, cuando alguien te dé a elegir entre su amor y tu felicidad, esa persona no te quiere de verdad."

¿Cuántas veces una persona, las circunstancias o nosotras mismas por miedo a perder a la persona que amamos nos ponemos en esa disyuntiva? Es la encrucijada de decidir entre una persona, un proyecto profesional o una disciplina que disfrutemos y que requiera que le invirtamos tiempo, un tiempo que otra persona no está dispuesta a perder. Pero, ¿acaso nosotras sí debemos perder ese tiempo, o invertirlo en algo que no nos convence del todo? ¿Qué hace que unas personas defiendan con plena certeza y seguridad su tiempo, mientras otras prefieren sacrificarlo?

Lo más importante es aquello que te haga sentir feliz y libre.

El miedo se enfrenta con la valentía que da la autoestima, el amor incondicional que nos tenemos. La autoestima es el combustible del alma, mientras más combustible tenga, más lejos podrá llegar sin importar que equivoquemos el camino. Recuerda que los errores sirven para desarrollar fortalezas. Si tenemos tanque lleno, no estaremos angustiados pensando que cada decisión será de vida o muerte, ni quedaremos varados por la falta de combustible.

¿Te gustaría que tu tanque estuviera lleno siempre? Fortalece tu autoestima. ¿Cómo? Sigue estos consejos:

- Como solía describirlo la madre Teresa, hay un tipo de hambre más fuerte que la de pan, "el hambre por amor". Ámate para poder dar amor a manos llenas y sin complejos.

- Ten sentido del humor ante la adversidad o los retos que la vida te presenta, de esta manera siempre tendrás calma para encontrar soluciones y herramientas.

- Si alguien en quien te fijaste no te corresponde, no pienses que es porque no eres suficiente para él, respeta los gustos de cada persona y sé paciente, ya llegará la persona que te corresponda.

- Si hay alguien que te hace la vida de cuadritos, no permitas que te llene de inseguridades. Toma más en cuenta la opinión de las personas que te aman.

- Cuando hagas algo mal no te insultes a ti misma con expresiones como "tonta" o "inútil". El inconsciente tiene una capacidad enorme para creérselo, pues no tiene sentido del humor. La voz más poderosa es la tuya, cada vez que te dices algo negativo tu inconsciente lo considera una instrucción, así que mejor corrígete.

- Si alguien te hace una observación, no te pongas a la defensiva, mejor escúchalo.

- Aprende a ver tu cuerpo como el instrumento para la acción, no como lo que te define como persona, así que respétalo y cuídalo.

"Cuando estabas en prisión eras libre.
Ahora que estás libre, no te conviertas en prisionero."
NELSON MANDELA

La libertad es un estado que adquirimos gracias a la autoestima. La libertad se relaciona con tu capacidad de decidir *sí* o *no* y asumir las consecuencias. Por eso es de suma importancia que te conozcas y sepas escuchar lo que te dicen tu mente y tu corazón.

> La libertad camina con la responsabilidad y lo que amamos en la vida es lo que traza el camino.

MATERNIDAD FORZADA

Cuenta una antigua leyenda que un niño antes de nacer le dijo a Dios: "Me dijeron que me vas a enviar a la Tierra, ¿cómo viviré tan pequeño e indefenso?" Y Dios le dijo: "Entre muchos ángeles escogí uno para ti, que te está esperando, él te cuidará." Y el niño prosiguió: "Pero dime, Dios, aquí en el cielo no hago más que cantar y sonreír, eso basta para ser feliz." Y Dios le contestó: "Tu ángel te cantará, te sonreirá todos los días y tú sentirás su amor y serás feliz." "Y ¿cómo entender lo que la gente me hable si no conozco el extraño idioma que hablan los hombres?" Dios le respondió: "Tu ángel te dirá las palabras más dulces y más tiernas que puedas escuchar y con mucha paciencia y cariño te enseñará a hablar." "¿Y qué haré cuando quiera hablar contigo?" "Tu ángel te juntará las manitas y te enseñará a orar." "He oído que en la Tierra hay hombres malos, ¿quién me defenderá?" "Tu ángel te defenderá, aun a costa de su propia vida." "Pero estaré siempre triste, porque no te veré más." Dios cariñosamente le dice: "Tu ángel te hablará de mí y te enseñará el camino para que regreses; aunque tú te alejes, yo siempre estaré contigo."

En ese instante una gran paz reinaba en el cielo. Ya se oían voces terrestres y el niño presuroso repetía suavemente: "Dios mío, Dios mío, si me voy al menos dime su nombre, cómo se llama mi ángel." Dios le contestó: "Su nombre no importa, tú le dirás mamá."

Desde que era adolescente, Laura amaba escuchar esta historia. Ahora, como una gran ejecutiva, con un futuro profesional próspero, conoció a Octavio en uno de sus viajes de trabajo. Él era un joven algo tímido, de abolengo. Por su trabajo, su convivencia se hizo más y más cercana hasta convertirse en amor y se casaron. Como era de esperarse, a los meses de casados la familia empezó a preguntar para cuándo llegarían los nietos. Ellos sonreían. Habían decidido que ese momento podía esperar, y mientras viajaban se disfrutaban, le dedicaban tiempo a sus planes de trabajo.

Pasados tres años de matrimonio, Octavio le dio un regalo de aniversario muy peculiar a Laura. En una caja con figura de joya venía un botecito de pastillas de ácido fólico; ella se sorprendió y él le explicó que su intención era ser papás ese año. Ella emocionada lo abrazó y, como jóvenes de este tiempo, de inmediato bajaron una aplicación en sus celulares que les indicara los días fértiles para prepararse. Los primeros meses planeaban irse de paseo, o preparar alguna cena especial en casa que motivara la ocasión, pero sin sentir pasó un año y aún no había noticias del bebé. Decidieron ir a ver a su médico para saber si algo andaba mal con alguno de los dos.

Laura siempre iba muy nerviosa, pues todos los asuntos relacionados con hospitales, inyecciones y sangre eran intolerables para ella. Después de algunos tratamientos sencillos pasó un año más. Octavio empezó a desesperarse y platicó con Laura que tal vez sería buen momento de aprovechar la tecnología e ir a hacerse un tratamiento *in vitro;* ella no estaba muy convencida por su temor a las cuestiones médicas pero aceptó por amor a Octavio. Sin darse cuenta Laura estaba inmersa en una serie de tratamientos que implicaban ocho pastillas y de tres a cuatro inyecciones diarias. Su vida se paralizó, pues todos los esfuerzos eran destinados al "proyecto bebé".

Desde luego, las discusiones no se hicieron esperar. Entre la insistencia de Octavio por seguir, aun cuando Laura estuviera agotada física y emocionalmente, y las pérdidas en lo económico y lo emocional, pasaba el tiempo. Octavio veía la resistencia de Laura a seguir adelante con tratamientos, olvidando que *nuestros ojos y nuestra mente no pueden verlo todo, que a veces necesitamos los ojos del alma.*

Después de cuatro años de intentarlo sin tener resultados, resistiendo la presión de la familia y en el trabajo, ya no reían como antes; el desgaste físico hundía la relación en un laberinto sin salida, donde el sueño de formar una familia parecía más y más lejano. La ternura parecía haberse extinguido, pero ¿cómo era posible que un sueño tan maravilloso como la maternidad terminara con el amor de una pareja?; ¿acaso no son los sueños una forma de querer estar mejor? A veces nos confundimos y no es propiamente el sueño lo que desmorona el amor, sino la manera de perseguirlo en vez de construirlo. Un proceso como el de Laura y Octavio necesita mucha ternura, sentimiento que, por desgracia, se está extinguiendo en nuestros días y se ve como sinónimo de debilidad, incluso es usado como insulto, ¿no?, "hay ternurita".

Y en realidad la ternura:

- es el mejor alimento emocional
- es el antídoto contra la violencia
- extrae lo mejor de nosotros
- nos ayuda a respetar los ritmos de los demás
- da calidez a nuestro mundo

Pero, por fortuna, antes de ver desmoronarse por completo el amor que un día los unió, redescubrieron la ternura. Laura decidió hablar con Octavio.

> Cuando se quiere construir un proyecto con tu pareja tienes que hablar con él de lo que quieres. Sé totalmente clara y específica en lo que quieres y cuando lo quieres.

Antes de reflexionar, Laura cometía el error de dar por hecho que Octavio sabía su sentir y sus necesidades, por el hecho de la convivencia diaria, pero no es así. Los seres humanos somos más complejos y las circunstancias pueden cambiar nuestras necesidades. El hecho de convivir no hace que las personas que nos rodean sepan lo que necesitamos. Así que la petición de Laura fue muy clara en tiempo y en dirección: "Esperemos un año sin hablar del tema pero sin olvidar el sueño, simplemente vamos a ponerlo en asuntos pendientes."

Cuando en realidad quieres lograr un sueño pero has desgastado ya todas tus fuerzas, es válido hacer una pausa. Esta pausa te servirá para renovar energía y redireccionar tu proyecto, si fuera necesario, para ampliar tu misión, para despejarte y dejar que las cosas fluyan mejor.

Gracias a este tiempo Laura pudo darse cuenta de las herramientas que necesitaba para realizar un sueño tan ambicioso, pues concebir un ser humano no es tarea sencilla; podría decirnos Dios: "Se necesita poner a trabajar con gran esfuerzo muchas herramientas."

Primero que nada no puedes cargar con cada decepción, pues este proceso necesita mucha paciencia, y cargar con cada prueba negativa, cada dolor del tratamiento en tu cuerpo, lo único que conseguirá es enfocarte en las decepciones, en vez de usar la fuerza para renovar energías.

En el umbral de las puertas al sur de India, en particular en Mail Nadu, hacen un *kolam* (significa diseño). Ese *kolam* es el diseño de un dibujo muy especial porque además de expresar belleza con las líneas que se cruzan y bailan entre sí, uniendo los puntos que sirven de base, implica un estilo de vida espiritual. Visto sólo con los ojos, un *kolam* es un patrón dibujado a mano, pero visto con el corazón, cada diseño es la entrega del primer trabajo del ama de casa que adorna la primera tarea de cada día. Antes de realizar cualquier otra labor, la mujer india enfoca su pensamiento en los seres que entrarán y saldrán pasando por ese umbral. El pensamiento que le da vida a cada diseño es un deseo de paz y buena fortuna. Agacharse, estirarse, tomar un poco de harina de arroz entre sus dedos y dejarla caer mientras su cuerpo sigue el diseño que ha imaginado. Donar su trabajo sabiendo que será pisado por varias personas durante el día.

Entre las líneas de un *kolam* no se dejan huecos. No se debe permitir ningún espacio para evitar que los espíritus negativos o los malos pensamientos entren en ese ambiente. Al contrario, es un regalo, un don hecho con el deseo de obtener pensamientos positivos de las mentes de quienes entran y salen de la casa.

Este ritual nos da la lucidez sobre cómo enfrentar procesos difíciles. Primero que nada debes renovarte todos los días, dibuja en tu mente pensamientos positivos bien estructurados, que entre ellos no quepa ningún pensamiento negativo por minúsculo que sea; y así como no importa qué situaciones o personas pasen por encima de un *kolam*, de igual manera, no permitas que personas pasen por encima de los pensamientos positivos que dibujaste. Aprende a donar un pensamiento positivo para ellos en vez de una queja. Y a la mañana siguiente, por increíble que te parezca, borra lo que hayas dibujado y haz un nuevo dibujo.

También necesitarás alimento emocional. Las emociones, aunque a veces suelen ser dolorosas, debemos recibirlas e identificarlas; si son negativas, dejarlas ir, y si no, hacer conciencia de ellas para tomar una decisión. Sin las emociones difícilmente acertaríamos en todas nuestras decisiones. El razonamiento y las emociones nos sirven para guiar nuestro camino.

Los tratamientos médicos alteran nuestro físico, pero también nuestras emociones. En este caso, no sólo Laura, también Octavio sufrió pues vivieron un proceso que involucró a los dos. Puede ser que por momentos nos desesperemos, e incluso violentemos, pero en cada caso *la ternura te guiará para no agredir a quien amas.*

Conforme más difícil sea el resultado de cada examen y extiendas tu brazo para dar sangre; cuando se necesite de tu cuerpo para seguir luchando por tu sueño, da *lo mejor de ti con gratitud mutua,* agradece a tu pareja por su disposición y su energía, por su cuerpo, por seguirte, por su amor.

Aunque inicien juntos un proyecto, los tiempos para ambos correrán de diferente modo, por su manera de ser y de sentir. Tal y como en un maratón donde todos arrancan igual, pero no todos llegan en las mismas condiciones ni al mismo tiempo a la meta, en la vida cada quien va asimilando la situación a su manera y a su tiempo. Por eso, respeta el ritmo de tu pareja y si durante el proceso alguno de los dos decide hacer una pausa, no lo juzgues, es muy sano respetar ese tiempo, lejos de atrasarlos hará que fluyan con mayor naturalidad y más armonía para los dos.

Por último, recuerda que no estamos solos en el planeta, que cada una de nuestras acciones y emociones influyen en todo y en todos quienes nos rodean; nuestro estado de ánimo influye en el desarrollo de familiares, amigos y colegas. Hoy en día la tecnología hace muchas cosas de calidad, pero lo que más necesitamos es calidez en nuestro mundo para habitar en él y construir un espacio hermoso.

MI SALUD Y MI INTEGRIDAD A CAMBIO DE TU AMOR

Yo controlo mi miedo

Jorge, militar muy apuesto, y Martha, joven hogareña, se casaron sin tener mucho tiempo de noviazgo. En la época en que se conocieron, era imposible salir sin chaperón, pero el amor que sentían uno por el otro los motivó a casarse sin conocerse a fondo. Cuando se inició la convivencia matrimonial, Martha pensó que Jorge cambiaría y, de ser tan estricto, serio y frío, se haría atento o detallista con ella. Creía que si antes no lo había sido, era porque las reglas de etiqueta no se lo permitían.

Pero no fue así. Jorge no modificó ni un milímetro su forma de ser. Después de un año de vivir juntos, Martha se resignó a aceptar esa frialdad, hasta que en un descuido enfermó de salmonelosis y estuvo muy grave en el hospital. Por increíble que parezca, Jorge se transformó por completo, la rodeó de atenciones y cuando la dieron de alta estuvo muy al pendiente de ella hasta que mejoró su salud. Una vez que esto sucedió, él volvió a ser el mismo hombre rígido y estricto.

Pronto llegó la noticia del primer bebé, y de nuevo, al sentir que la salud de Martha desmejoraba, él modificó su actitud.

> A veces con nuestras actitudes mandamos mensajes al inconsciente de las personas que nos rodean.

Cada que Jorge rechazaba a Martha, ella sentía dolor físico. Nosotros, como seres vivos, intentamos evitar el dolor. Pero nuestra responsabilidad y nuestra razón deben ayudarnos a decidir de qué manera evitar el dolor. El camino que encontró Martha era sentirse enferma, pues cada vez que su estado anímico se modificaba, la actitud del amor de su vida cambiaba y le ponía atención; así que a la mínima provocación ella decía que le dolía la cabeza, sentía taquicardia, se fatigaba, cualquier detallito físico lo maximizaba. Si entraba un poco de aire por la ventana, ella sentía escalofríos, decía que tenía fiebre. Por años esta pareja se enfrascó en una dinámica de enfermedad a cambio de muestras de cariño.

Partamos de la idea de que el cerebro controla todos los aspectos de nuestra vida. Nuestra parte consciente tiene el cinco por ciento, es decir, de lo que sí nos damos cuenta, y nuestra parte inconsciente, el noventa y cinco por ciento; en otras palabras, alberga todo de lo que no nos damos cuenta, como conducta, funciones y emociones. Ni la mente inconsciente de Martha —ni la de nadie— puede analizar que se finge enferma con la intención de recibir cariño.

Ahora bien, la mente va de la mano del lenguaje, así que a las palabras no se las puede llevar el viento. Si Martha repetía constantemente "me siento mal", "tengo taquicardia", "estoy sofocada", todas sus palabras se convirtieron en instrucciones directas y precisas para su cuerpo porque las palabras generan pensamientos, los cuales a su vez generan sentimientos, que generan conductas que, repetidas, generan hábitos y, finalmente, *los hábitos forman el carácter de una persona*. Por eso debemos ser muy cuidadosos con lo que decimos.

> El destino se construye dos veces primero con lo que decimos y luego con lo que hacemos.

Para Martha estar enferma se convirtió en un hábito. Esto, ¿cómo la afectó?: su carácter era cada vez más débil. Después de una dinámica de vida así, Jorge y sus hijos empezaron a cansarse de la situación y ya no la tomaron en cuenta para nada por temor a que se enfermara.

El plan de Martha no estaba funcionando, la atención que buscaba y obtuvo antes, parecía desvanecerse; ahora, con una salud minada, una autoestima pobre y un ánimo bajo, parecía que no habría solución.

¿Será posible que sacrifiquemos nuestra salud a cambio de amor? Es urgente *enriquecer nuestra alma para buscar otra forma de conseguir lo que queremos, no podemos sacrificar nuestros tesoros de vida*. Una manera es sacarle el mayor provecho a nuestras cualidades y resaltarlas hasta animar un cambio, pero en nosotras, no en los demás. Poco a poco nuestra seguridad se nutrirá y encontraremos distintas formas de dar y recibir amor.

Ten presente que el matrimonio *no* es una varita mágica que cambiará a las personas. Si tú quieres modificar algunas cosas de tu relación, quien debe cambiar eres tú para construir un matrimonio en el que te sientas cómoda y realizada. Márcate límites flexibles, ya que éstos se podrán ampliar en función del nivel de confianza que ganes en tus relaciones.

No puedes sacrificar ni darlo todo, amor propio, respeto, salud mental, emocional y física, son tus valores personales y no los puedes entregar por completo porque te convertirás en un cuerpo vacío deambulando por el mundo.

Por eso son tan valiosos los límites, para que te des cuenta si es bueno brincarlos, rodearlos, ampliarlos o ajustarlos; los límites son tu medida para saber qué puedes dar.

Dar es una satisfacción maravillosa, pero si te encuentras vacía de amor, de fe, de honestidad, de entusiasmo, ¿qué podrás entregar?

Martha tenía un gran reto: recuperar su salud y su matrimonio. No obstante, numerosas dudas rondaban por su mente: ¿si recuperaba la salud, perdería las atenciones de su marido? Si no recuperaba su salud, lo más seguro es que perdiera ambos; ¿por dónde empezar si programó su cuerpo para ser débil y ahora está enfermo?

Por increíble que parezca, para comunicarnos cada día con las personas usamos muchas palabras y una persona se dice a sí misma de 300 a 1 000 palabras por minuto. Si esas palabras son todas positivas –o en su mayoría positivas– serán instrucciones con las que nuestro cerebro empezará a trabajar animándonos: "el ánimo es la fuerza", la energía es el motor para emprender algo.

Así que empieza a trabajar con tu mente; el siguiente paso es enfocarte en la acción. Si ya le has dicho a tu mente que eres una persona muy sana, deberás parecer una persona sana, verte como una persona sana. Si por lo regular andas en bata o pijama, es fundamental que te la quites y te pongas un vestido alegre que resalte el color de tu piel; cambia tu peinado, si te gusta maquillarte vuelve a hacerlo, si no, será suficiente con un poco de rubor en tus mejillas, humectante en los labios y un perfume que te guste.

> Para conseguir lo que quieres, piensa y actúa positivo, trabaja y esfuérzate con gratitud y fuerza, prepárate para que las cosas no resulten como esperas y no te des por vencida.

Tantos años en el camino equivocado no los transformarás en una semana o dos, tendrás que asumir el compromiso de luchar con más valentía y ahínco, que, aquí entre nos, era más fácil sentirte enferma y tirarte en la cama que levantarte, bañarte, arreglarte, trabajar con tu mente, tu cuerpo, tus actitudes y tus emociones; pero, ¿sabes una cosa?: lo maravilloso de este esfuerzo es que aunque no recibas amor de quienes amas, serás capaz de dar respeto y amor a la persona más importante en este mundo: tú misma.

Este trabajo arduo y constante te hará sentir tan satisfecha, que tu alma no se volverá a sentir vacía o con la necesidad de sacrificar lo esencial para vivir.

¿Qué esperas después del primer golpe?

Ingrid, una fotógrafa independiente, conoció a Ramiro, ejecutivo de un banco, en un bar durante la despedida de soltera de su mejor amiga. Él era un joven divertido, galante, alegre, el alma de la fiesta. Cuando menos se dieron cuenta, ya lo habían invitado a la boda.

En un ambiente romántico, al ritmo de la música, en una noche de celebración, Ingrid se reencontró con Ramiro. El momento no pudo ser más especial para ambos, mientras los novios bailaban en la pista principal, Ingrid y Ramiro lo hacían en una de las terrazas. Él la tomó entre sus brazos de una manera tan fuerte y segura, que la hizo sentir muy protegida y feliz, de modo que tras unos meses de noviazgo decidieron vivir juntos.

Al principio se dedicaban el mayor tiempo posible, pero con la rutina Ingrid quiso regresar a su vida habitual, salir de compras sola, reunirse con sus amigas a tomar un café, tomar fotos de escenarios citadinos; a Ramiro no le gustó esta etapa en lo más mínimo. De inmediato quiso controlarla. Comenzó a usar palabras cariñosas para prohibirle algunas cosas, de tal manera que Ingrid accedía enamorada, pues pensaba en complacerlo.

Poco a poco Ingrid se distanció de la mayoría de sus amigos, dejó de salir, de arreglarse; poco a poco su autoestima fue mermada por el ánimo de complacer a la persona que creía amar.

Un día Ingrid se despertó extrañando a la persona que era, así que se arregló y salió a tomar fotos de paisajes y personas, de arte urbano; se volvió a sentir viva, feliz, motivada, como hacía mucho tiempo no se sentía. Sin darse cuenta, ya había pasado todo el día. Cuando llegó a su casa emocionada, quiso platicarle a Ramiro todo lo que había captado su lente, pero él, sin decir una sola palabra, la volteó a ver, tiró un golpe seco y certero a su cara, aventó la cámara que se hizo añicos. Sorprendida, desconcertada y aterrada, Ingrid se quedó en el suelo. "No quiero que vuelvas a salir sin mi autorización", concluyó Ramiro.

Ingrid nunca imaginó vivir algo así, lo había visto en la televisión, pero nunca pensó que podría sucederle a ella. Como lo había escuchado mil veces, sabía que después del primer golpe podrían venir muchos más, pero no quería perder a su pareja. Las preguntas eran: ¿estaba a tiempo de recuperar su relación?, ¿su integridad estaba en juego?

Atrapada en medio de un montón de preguntas, Ingrid pasó la noche más larga de su vida. Sabía que no hacer nada los enfrascaría en una relación violenta y traumática, pero no podía quedarse a esperar el siguiente golpe.

En momentos cruciales de nuestra vida la valentía nos puede salvar, pero tienes que prepararte para usarla con estrategia e inteligencia.

La corteza cerebral incluye dos lóbulos frontales, que es donde se procesa el pensamiento racional, se resuelven los problemas, se recibe la información y se emite una respuesta.

Asimismo, en el cerebro se encuentra el sistema límbico, cuya principal función es procesar las emociones. Dentro de cada hemisferio cerebral se encuentra la amígdala, encargada de funciones más específicas como procesar, controlar y almacenar nuestras emociones.

Una de las principales emociones es el miedo. Al activar instintivamente el botón del pánico, en situaciones extremas el cerebro hace que el cuerpo libere hormonas de adrenalina y cortisol al torrente sanguíneo y se aumenten respiración, presión y función cardiaca, generando una enorme tensión. En esas condiciones, no podrás pensar, actuar o tomar una decisión que te sirva para resolver el reto al que te enfrentas.

De tal manera que lo más importante para todo ser humano es aprender a reaccionar ante esas situaciones que nos dan miedo, para no perder el control y poner en riesgo nuestra vida.

Para actuar de manera adecuada, necesitas saber que:

- Es fundamental tener conciencia de que si un hombre te golpea, de ninguna manera es porque hiciste algo mal. Aunque hubieras cometido un error, nadie tiene derecho a agredirte física, emocional o mentalmente.

- Si alguien te golpea, no es sinónimo de que tú seas débil y él fuerte; por el contrario, si alguien reacciona de manera violenta ante una situación en que no peligra su vida, eso es sinónimo de debilidad.

- Bajo ninguna circunstancia pienses que un golpe es una reacción aislada y no volverá a suceder, porque estarás cerrando los ojos a un peligro inminente.

Una vez que cuentes con la información necesaria para tomar una decisión centrada, entrena tu cerebro para enfrentar esta situación y evita alterarte, asustarte, tensarte o, peor aún, paralizarte.

Para que tu cerebro pueda hacerle frente a situaciones de pánico, te propongo una estrategia comprobada científicamente, denominada "resistencia mental de control del miedo".

Resistencia mental de control del miedo

1. Traza metas específicas. Seguir esta acción hace que los lóbulos frontales responsables del razonamiento pongan orden en el caos y mantengan controlada la amígdala, el centro emocional del cerebro. Concéntrate y di: "en la mañana voy a lograr lo siguiente…, en la tarde voy a lograr…, en la noche voy a lograr…"

2. Ensaya mentalmente. Visualiza una acción y recréala en tu mente, piensa de manera continua cómo harás algo definido paso a paso. Si primero practicas en tu mente y luego ensayas cómo podría ser cuando la enfrentes en la realidad, en los momentos estresantes parecerá que es la segunda vez que lo haces, de tal

manera que tus reacciones tendrán menos angustia y fluirán con naturalidad.

3. Anímate. Esto ayuda a enfocarte. El promedio de palabras que nos decimos a nosotras mismas va de 300 a 1 000 palabras por minuto; si son más positivas que negativas, estarás ayudando a tu cerebro a evitar las reacciones de pánico de la amígdala.

4. Activa el control por medio de la respiración. Si empiezas a respirar lentamente de manera consciente, lograrás combatir los efectos que produce el pánico. Al hacer grandes exhalaciones, efectuamos el proceso de relajación pues llevamos más oxígeno al cerebro y así logramos mejorar su funcionamiento.

Lo más importante es combinar estas cuatro técnicas para lograr un gran control, de esta forma entrenarás tu cerebro y, como un deportista, mientras más entrenes y te disciplines en esta técnica, tus reacciones y decisiones serán mejores ante situaciones extremas.

Todo nuestro ser físico y espiritual está perfectamente diseñado para hacerle frente a cualquier reto, no hay margen de error en ningún centímetro de él, puedes lograr éxito en cada proyecto que tengas enfrente; sólo necesitas conocerte en verdad, saber en qué áreas estás preparada y en cuáles necesitas trabajar más, pues en cada situación nueva puedes descubrir fortalezas que ignorabas tener.

Para hacer uso de todos estos valores, es importante que confíes en ti y entrenes tato tus músculos como tu mente. Si tus músculos se debilitan, tu mente puede darte fuerza para salir adelante; pero si tu mente es débil, nunca reconocerás que tienes recursos extraordinarios, incluso podrías sentir temor de ponerlos en práctica.

NI MEJOR
NI PEOR,
SIMPLEMENTE
DISTINTA

Elena se divorció de una persona con la que llevaba 27 años compartiendo vida, experiencias, logros, derrotas, sueños, planes, rutina diaria. Su único hijo, un joven de 25 años, decidió independizarse para hacer su propio proyecto de vida.

Eran momentos críticos en la vida de Elena. Ella debía superar el dolor de no permanecer con la persona que sería su compañero hasta que la muerte los separara, y reiniciar su vida. Veía el divorcio como uno de los fracasos más grandes de su vida, pues sucedió en una edad madura, cuando no tenía ninguna ilusión de recomenzar.

¿Cómo pasó? ¿Por qué a mí?, eran preguntas que no dejaban de atormentarla. Elena creía que era injusto reiniciar todo, cuando ya no tenía la energía ni la motivación de la juventud, ahora ya no tenía deseos de dar lo mejor de sí. Además ella siempre había sido muy supersticiosa y hundida en esta situación sentía que la vida la castigaba, por lo que se sentía culpable.

Elena no había considerado tres factores muy importantes en la vida:

El libre albedrío

Tú podrás ser la mejor esposa del mundo, la más amorosa y servicial, la que siempre apoya a su pareja en momentos difíciles, pero aun siendo una de las mujeres más excelentes, eso no asegura que puedas controlar el comportamiento, las decisiones y los pensamientos de las personas que te rodean, incluyendo a tu pareja. Tampoco puedes vivir presionada pensando qué hacer para que tu pareja no te deje. Esa decisión no depende de ti.

Vivir en el presente

No puedes vivir con la culpa de los errores cometidos pues ya no los puedes arreglar. El remordimiento hará que no vivas el ahora y te estanques en el pasado, en un tiempo que no regresará. Tampoco puedes pensar en el futuro, en si el próximo mes o el próximo año tu pareja te dejará o permanecerá contigo, pues el futuro es incierto.

Deja a los demás hacer su vida

No puedes detener el curso de la naturaleza. Aunque tus hijos siempre serán tus bebés y se amen mutuamente, lo mejor que puedes hacer por ellos es **no hacer nada** que ellos puedan hacer por sí solos. Así tú los ayudarás a ser independientes, ésa será una de tus mejores enseñanzas de vida, prepararlos para que vuelen con sus propias alas. Que tus hijos sean independientes te tiene que llenar de tranquilidad y no de tristeza, mucho menos de soledad, pues ellos están construyendo su futuro. Estarás incluida, si consideras dos aspectos: la buena comunicación y el respeto, pues tus hijos, al momento de ser independientes, tomarán sus propias decisiones, según sus criterios, intereses y sueños; y aunque a ti no te gusten del todo, tendrás que respetarlos. Como madre podrás compartirle tu opinión y tu sentir con una buena comunicación, pero sin imponerte. Sin duda, tu hijo aprenderá de sus errores y disfrutará de sus aciertos.

En buena medida, somos responsables de los resultados de cada paso que damos. Sin embargo, el diez por ciento de lo que sucede en tu vida no depende de ti sino de tu interacción con el mundo.

> *"El aleteo de las alas de una mariposa se puede sentir al otro lado del mundo", o "el aleteo de las alas de una mariposa puede provocar un tsunami al otro lado del mundo", o también "el simple aleteo de una mariposa puede cambiar el mundo."*
>
> PROVERBIO CHINO

Ese pequeño porcentaje que no está en tus manos puede significar un cambio de ciento ochenta grados en tu vida, quizá no signifique nada o, mejor aún, tal vez ese porcentaje impulse más tu proyecto personal.

> La vida estará rodeada de momentos difíciles e inesperados, eso no lo puedes cambiar, lo que sí puedes cambiar es tu actitud y la forma en la que te prepararás para hacerle frente a cada situación de vida.

Tal vez te preguntes cómo tener una actitud positiva ante una situación tan dura, cuando todo lo inesperado que pasa a tu alrededor te lastima, a pesar de que siempre diste lo mejor de ti. No será fácil, pero tampoco imposible *aprender a no juzgar las situaciones de vida como buenas o malas*, pues en cuanto defines algo como malo, de inmediato bloqueas todo tu ser para luchar y te estancas en una posición de tristeza o enojo.

Es común que te sientas segura y feliz mientras estés casada, y fracasada y triste si te divorcias; que pasen los días y pienses que a partir de ahora tu vida será oscura, que tu proyecto no concluyó como querías. Pero si yo te preguntara:

- ¿Disfrutas de un chocolate?
- ¿Disfrutarás de un chocolate mañana?
- ¿Cómo lo sabes?

Sea cual sea tu respuesta, te diría:

- ¿Acaso tienes una esfera de cristal que te muestre el futuro y puedas ver que nunca habrá una situación que cambie este gusto en ti y el chocolatete genere hostigamiento?

Reflexiona si basas las respuestas de tu futuro en las creencias de tu pasado. Es muy importante que analices: ¿cuál es el pensamiento o la creencia que te limita para modificar tu situación actual?, ¿te sientes mayor?, ¿para qué?, ¿crees que sola no podrás hacer un proyecto de vida en el que te sientas feliz y plena?

Analiza a detalle qué te impide dar vuelta a la página. Una vez que tengas conciencia clara de esa creencia que te limita, podrás trabajar en ella para modificarla y avanzar. Es muy seguro que esta idea se haya implantado tiempo atrás, que tú la hayas alojado en tu mente por medio de certezas que asumiste en experiencias pasadas. Recuerda que tú misma fortaleces tus ideas con las palabras, tu voz es lo más poderoso que tienes.

Si en repetidas ocasiones te has dicho que sola no puedes ser feliz, que ya eres demasiado grande para emprender algo nuevo, entonces tu cerebro empezará a buscar esos momentos en tu vida en los que no te has sentido cómoda en soledad, o cuando no pudiste lograr algo por tu edad. Así reforzarás esta idea y una opción distinta sería impensable.

En principio te digo que no será sencillo desvanecer tus creencias nocivas, tendrás que trabajar con constancia. Primero que nada, considera que tienes la capacidad para dirigir tus músculos y tu mente hacia una situación distinta. Puedes empezar haciendo una actividad que te genere placer, pero hazlo sola. Por ejemplo, ve a un nuevo restaurante y disfruta la tarde con un libro, tu bebida y tu postre favorito. Poquito a poquito te darás cuenta de que tienes la capacidad para ser feliz con tus recursos.

Si estás pasando por un divorcio o una separación y tu nuevo estado civil te hace sentir fracasada e infeliz, cambia esa creencia. El primer paso es **darte cuenta**. Ahora tienes información que pondrá en marcha una capacidad, una creencia positiva y nueva.

Mírate en mi espejo. Aunque no tengo brazos, con toda seguridad te puedo decir que es lo mejor que me ha pasado, porque mi discapacidad no trazó mi destino, sino mi actitud. Para tener creencias positivas que desvanezcan las que te limitan, te comparto algunas acciones para entrenar tu mente:

- Haz enunciados positivos, escribe dónde y cómo quieres estar, siempre dilo de forma positiva. Por ejemplo: "Cada día puedo lograr más proyectos de manera independiente y ser feliz." Nunca escribas: "No quiero estar triste porque estoy sola."

- Cree que cada día puedes lograr proyectos de manera independiente y ser feliz, la constancia te servirá para combatir tu voz negativa.

- Nunca definas tu situación como buena o mala.

La actitud positiva tiene muchos matices. Lo que necesitas es una actitud con matiz de fortaleza, constancia, paciencia, esfuerzo extra. Decide con serenidad cuál de todas te será más útil para seguir adelante.

Poco a poquito, haciendo un esfuerzo diario, tu situación irá cambiando y recordarás que así es la vida, que si un día fuiste feliz, volverás a serlo, que todo es temporal en esta vida y que para ti ahora no es mejor ni peor, simplemente diferente.

Corrige el sentido de tu vida

El amor puede ser real o una gran ilusión. Un corazón frágil no distingue una ilusión de la realidad, a veces estamos tan deseosas de llenar un hueco en nuestro corazón que creemos que algo es verdad.

Trinidad estaba divorciada, era una joven con ganas de volver a encontrar el amor de su vida, superarse y salir adelante lo más rápido posible. No sentía ninguna culpa por este fracaso, pues dio lo mejor de sí.

En lo profesional, se desenvolvía de manera exitosa en el mundo de la mercadotecnia. En una capacitación laboral conoció a Arturo, joven apuesto, de espíritu emprendedor, alguien con quien le gustaría luchar para lograr un proyecto que los superara a los dos. De inmediato, Trinidad platicó con su jefa, que era gran amiga, para compartirle que había conocido a un joven encantador, al que le veía futuro. Consideraba una excelente idea invitarlo a trabajar, su amiga vio en ella una alegría que tenía tiempo de no asomarse y con tal de hacerla feliz no pidió referencias de Arturo. Se reunió con él y le propuso que se uniera al equipo de trabajo.

> Cuando hacemos un voto de amor, como la promesa de "amarte y respetarte todos los días de mi vida", es primordial sostener ese compromiso fiel primero con nosotras mismas, pues si hay un hueco en nuestra vida y no es firme un compromiso fácilmente podemos romper con nuestros principios y caer en una relación de codependencia, más que de pareja.

Para conquistar a Arturo, Trinidad hizo movimientos en la oficina con la idea de deslumbrarlo para comenzar una relación más formal entre ellos.

> Recibir muestras de cariño por intercambio no es amor desinteresado. Es muy distinto hacer un mérito y mostrar nuestras cualidades para enamorar a una persona, que hacer algo que afecte nuestros proyectos de vida para recibir amor.

Aprovechando la amistad con su jefa, ella lo invitaba a las juntas importantes, le proporcionó información confidencial y le dio a entender que ella podía pasarle con toda libertad la información que quisiera para que él escalara más rápido en su área. Ella, ingenuamente, creía que él estaría en deuda y le podría pagar con amor. Ese deslumbramiento no le permitía ver que lo que hacía era robar, cometer un delito y una traición —en su trabajo y con su mejor amiga—. Y más que un delito o una traición a su jefa, se traicionaba a sí misma.

Con esta actitud, Trinidad demostraba la crisis en que estaba inmersa. El mundo, más que una crisis económica, enfrenta una crisis de valores y de principios. Si nosotros rompemos con nuestros valores o principios por un impulso emocional –desconfianza, miedo, tristeza, dolor, pérdida, envidia–, haremos un enorme vacío en nosotros mismos y tropezaremos. Recuerda que lo que más intentamos repeler por nuestros miedos es lo que atraemos con más fuerza.

Dicen que por amor uno puede ser capaz de todo. Deberíamos mejorar esta frase y decir: "Soy capaz de todo lo que me haga ser mejor", más fuerte, más valiente. Es más conveniente buscar lo positivo pues eso nos hará mejores y alejará de lo que pueda afectarnos.

¿Por qué nos equivocamos y actuamos así? La mayoría de nosotros usa indiscriminada e irresponsablemente las palabras; ése es el caso de la palabra *amor*, solemos decir "amo el chocolate", "amo el jamón serrano"; pero no es así, si de verdad los amáramos, lucharíamos por la vida del cerdo y su hábitat, y no lo comeríamos.

Trinidad fue despedida de su trabajo. No contenta con esto, se llevó toda la información que pudo para abrir su propia empresa con Arturo, pero no fue fácil. En la rutina del trabajo Arturo empezó a convivir con otras mujeres con demasiada ligereza, actitud que desde luego no le gustó a Trinidad. Cuando ella le reclamó por sus coqueteos, él le dijo: "Esos celos que tienes conmigo los vas a superar", con lo que le dio a entender que tendría que acostumbrarse a esas actitudes que la lastimaban. Por fortuna, con ello Trinidad abrió los ojos: "¿Esto es lo que realmente quiero para mí?" Esta pregunta la ayudó a redireccionar y corregir el sentido de su vida.

> Dicen que el sentido de la vida es el mismo del amor.

No existe un mundo exterior distinto a nuestro mundo interior, es decir, nadie encontrará en el otro lo que no hay en sí mismo. Si ves que falta amor, que hay traición, que necesitas estar en una constante competencia para demostrar lo que tienes y puedes a cambio de amor, eso es lo que tú tienes, *necesitas amarte, serte fiel y dejar de sentir que no eres suficiente para dejar de competir contra ti misma.*

Pierre Teilhard de Chardin decía que cuando el hombre descubriera el verdadero poder del amor, sería como descubrir el fuego por segunda vez. El amor es valiente, no hace que nos traicionemos, que amemos a una persona porque complementa nuestras carencias, huecos de inseguridad, miedo y desconfianza.

Si te sientes sola acepta a una persona para llenar ese espacio en tu vida, pero en el día a día, ya en una relación donde compartes principios, valores, sueños, todo cambia y si piensas en llenar vacíos no formarás una relación sana.

El amor debe reconocer el principio de la dualidad del *yin* y el *yang;* así como existe el día, existe la noche; así como hay salud, también enfermedad; así como sientes alegría, te entristeces. Si no reconoces en ti misma tus debilidades, tampoco comprenderás tus fortalezas.

Te ha pasado que ves algo en otra persona que crees que tú no tienes y de inmediato te maravillas, incluso puedes enamorarte. Si tú tienes ese hueco en tu corazón, siempre vas a magnificar las cualidades de los demás, lo que podría ponerte en riesgo de alguna manipulación negativa por alguien más. Ya no veas a tu pareja como el más seguro del mundo, como quien te puede dar lo que tú no tienes, esto no es amor, es codependencia.

Estadísticas mundiales muestran que noventa y cinco por ciento de las relaciones son codependientes. No podemos vivir la plenitud del amor como pareja única y, exclusivamente, una relación de papá y mamá. Para evitar estos huecos en tu personalidad es fundamental que hagas conciencia de este principio de dualidad. Esto evitará que magnifiques tus carencias y busques cubrirlas con alguien más. Conoce tus dos polos: si te sientes poco inteligente, buscarás alguien que lo sea y lo verás como el más inteligente; si te sientes poco segura, buscarás alguien seguro y sentirás que es el más seguro, magnificando sus habilidades.

Descubre que si en ti hay luz, también hay oscuridad, que si hay debilidad en ti, también hay fortaleza. Reconoce en ti principios y valores porque son tu guía para tomar decisiones, principalmente en situaciones de conflicto. Si comienzas a ver que todo es negativo, recuerda la parte positiva, como el día y la noche; tu trabajo es decidir a qué le darás más peso, ¿a tus debilidades o a tus fortalezas?

CONSIGUE LA TRANQUILIDAD CON TUS PENSAMIENTOS

Cristina creció en dos hogares. Cuando tenía 10 años sus padres se divorciaron y tuvo que lidiar con la custodia compartida. Su papá era un banquero muy ocupado y su mamá todo el tiempo le decía: "Todos los hombres son iguales. Mira a ese señor coqueteando con esa jovencita, igual que tu padre. Todos los hombres son unos infieles."

Ella desconfiaba de todos los hombres que se le acercaban por la forma en que creció, escuchando decir a su madre siempre las mismas palabras. Sin embargo, el amor siempre es inesperado y cuando se encuentran dos personas afines busca cruzar sus caminos.

En una junta ella conoció a Fernando, joven con el que convivió por cuestiones de trabajo. Así, el amor floreció entre ellos. Después de tres años de relación decidieron casarse y, tras una boda de ensueño y un viaje lleno de sorpresas que hizo que regresaran más enamorados que nunca, empezaron a crecer en su trabajo. Montaron una casa hermosa y la noticia del bebé no se hizo esperar.

Con una aparente vida perfecta decidieron que Cristina se tomara un tiempo y dejara de trabajar para dedicar todo el tiempo al bebé y a la familia. Al principio no se daba abasto con todos los cuidados que requiere un bebé, pero con el tiempo se fue acostumbrando. Cuando el pequeño entró a la escuela, Cristina tuvo mucho tiempo libre. ¿Han escuchado decir que el peor consejero es la ociosidad?

> Si no empleas tu tiempo en cosas productivas, tu mente empezará a jugarte malas pasadas.

Cristina estaba en casa y sin hacer otra cosa que esperar a Fernando. Los dichos de su madre y la historia de sus padres empezaron a inundar sus pensamientos, así que en cuanto llegaba su esposo empezaba el interrogatorio: "¿Dónde estuviste?, ¿con quién?" Todo era motivo de sospecha.

A veces los padres nos heredan algo más que cualidades, también sus miedos y, en cierta medida, su manera de pensar. Cristina creció escuchando a su madre decir que todos los hombres eran igual de infieles que su padre. Robert Triver dice que la cantidad de conflicto interno que nos generan sufrimientos, en gran medida tiene que ver con la inversión que hacen los padres en nosotros.

Cristina creía que Fernando le era infiel, por aquellos pensamientos que su mamá sembró en ella. Sin darse cuenta, era la primera que se estaba autoengañando, dándole validez a la frase de su madre: "Todos los hombres son iguales."

Lo cierto es que la mamá de Cristina la engañó y también se se engañó a sí misma muchos años con este pensamiento. Una manera muy práctica de que no descubran nuestras mentiras es el *autoengaño*. Por ejemplo, cuando en vez de acumular experiencia acumulamos fracasos, frecuentemente usamos el autoengaño; cuanto más buscamos justificar nuestros fracasos, mejor nos engañamos y engañamos a los demás.

¿Cómo era posible que Cristina creyera ciegamente las palabras de su mamá?

Un engaño puede esconderse más cuando no estamos conscientes de nuestras mentiras. Nuestra capacidad de crear ciertas creencias puede generar consecuencias desastrosas, pues no sólo mentimos a quienes nos rodean, sino a nosotras mismas, guardando información de ideas que alteran para mal nuestra vida, que disminuyen nuestras capacidades y nos hacen desconfiar de todos a nuestro alrededor.

Mentir conscientemente es agotador para el cerebro; se gasta más energía al ocultar información en el inconsciente, incluso nuestro coeficiente es más bajo. Mentir es ocultar o manipular la información a nuestra conveniencia, y el dolor de la infidelidad de la madre de Cristina se volcó en su hija, manipulando la información a su conveniencia.

Cristina estaba a punto de arruinar la vida tan increíble que había labrado con su esfuerzo por las circunstancias y la información que su madre sembró en sus pensamientos. La desconfianza que crecía cada día hacia Fernando tenía su origen en la niñez de Cristina y no en su matrimonio.

La vida nos puede presentar grandes retos que debemos enfrentar solos: crecer, perdonar y aliviar el dolor que nos pudieron causar en algún momento de la vida. Si no hacemos ese trabajo, estancaremos nuestra felicidad y la de las generaciones futuras, como lo vemos con el dolor de la supuesta infidelidad que alcanzó a Cristina.

¿Cómo confiar en los demás cuando hemos sentido el dolor de la traición de una persona a la que amábamos con toda el alma?

El engaño ha existido en todos los tiempos, la mujeres tienden a mentir para que el interlocutor se sienta mejor y, los hombres, para mostrarse mejor de lo que en realidad son. Por eso, confiar supone un riesgo que a su vez genera miedo; para equilibrar este riesgo, ten en cuenta que las personas siempre te van a ver diferente, algunas con mayor y otras con menor confianza. Desde nuestro hogar y de manera involuntaria, aprendemos a desconfiar de los demás. Hay que aprender a confiar en los demás y generar confianza en los otros.Confianza es salud, no vale la pena vivir rodeada de desconfianza. Superar la desconfianza no significa vivir con alguien que no nos quiere, pero lo que es cierto es que para tener una vida de calidad no puedes guardar rencores en una cárcel sin salida.

Pon manos a la obra para recuperar la confianza y tener una vida saludable. Crea un ambiente donde tú y tu pareja se sientan seguros uno con el otro, muéstrate tal y como eres, siente cómo tu pareja te conoce. Esta conexión te ayudará a un mejor conocimiento y manejo de determinadas situaciones.

Si tienes dudas, pregunta, sobre todo cuando no sepas cómo manejar la situación. Lo peor que puedes hacer es dar por hecho que sabes cómo se siente tu pareja. Si en este momento te dijera que dibujaras las líneas de tu mano sin verla y después calificaras tu precisión, te darías cuenta de que el dicho "La conozco como la palma de mi mano" es un engaño, pues cada día cambiamos y las personas también. Por eso escucha cuidadosamente lo que te dice y acepta sus explicaciones sin una actitud combativa.

Si en un momento tu pareja te engaña, antes de tomar una decisión dale un tiempo y mantente a distancia razonable; analiza los aspectos de la vida y si tu actución hizo que se presentara esa vivencia. Si decides quedarte a su lado, dense la oportunidad de solucionar y superar el reto juntos, pero recuerda que deberás estar disponible sentimentalmente: cuando hay confianza se puede ganar cualquier desafío.

Mujer prevenida vale por dos

Jimena era una mujer precavida, le molestaba que las cosas no salieran como las había planeado. Perfeccionista en extremo, preveía todas las situaciones posibles. En su bolso siempre traía botiquín, costurero, bolsa de maquillajes extra, copia de su identificación oficial, agenda con todos los teléfonos importantes, incluso dinero de más por si la asaltaban.

Con este grado de perfección no le fue fácil encontrar pareja, pero en su camino se cruzó un hombre apuesto, divorciado y con un negocio propio; podría decirse que Rafael tenía la vida casi resuelta. Él se enamoró de Jimena y al poco tiempo decidieron vivir juntos y formalizar la relación.

La vida iba bien, pero Jimena sentía la zozobra de que ocurriera algún imprevisto. No había momento en que no se preocupara por algo entre su trabajo y los menesteres del hogar. Había pegado una agenda al refrigerador para tener el control del súper, los gastos de la casa, los teléfonos de plomero, electricista, cerrajero, en fin. Y, para colmo, le pasaban las situaciones más extrañas, lo cual le causaba malestar y angustia. En consecuencia, Jimena cada vez se volvía más estricta en la búsqueda de la perfección.

Un día en una junta de trabajo donde esperaba que la ascendieran, fue sorprendida con la noticia de que tendría que ser removida de su cargo por un recorte de personal a causa de la situación económica que enfrentaba la empresa.

Jimena llegó devastada y frustrada a casa, no comprendía por qué la vida le ponía tantas encrucijadas cuando era tan precavida. Llena de dudas platicó con Rafael. Él simplemente sonrió y la abrazó, diciéndole: "Bueno, amor, de qué te preocupas, tú sabes que si necesitas algo, sólo tienes que pedírmelo. Tú no te tienes que preocupar de nada." Pero esto sólo hizo estallar en cólera a Jimena, porque sintió una falta de comprensión total. "Tú no me entiendes, son mis sueños, es tal el desgaste que siento de trabajar sin descanso, pensando en los distintos remedios o soluciones que puedo tener preparados para evitar que las cosas salgan mal, y ¿para qué? Tanto esfuerzo y de todas formas las cosas siempre me salen mal."

Jimena no sabía que ella saboteaba todos sus proyectos con tantas precauciones exageradas.

En nuestro cuerpo físico, alma y chacras, se encuentran nuestras emociones no liberadas —agresiones, angustias, preocupaciones, miedos, conscientes e inconscientes—;

todas estas emociones son emitidas al exterior de manera inconsciente a través del cuerpo emocional. De tal manera que las frecuencias energéticas que emitimos con nuestras actitudes, acciones y decisiones atraen vibraciones energéticas iguales del entorno que nos rodea, uniéndose en una sola. Por ejemplo, la frecuencia de la angustia atrae situaciones en las que se confirma una y otra vez esa angustia.

El cuerpo mental dirige el comportamiento hacia el exterior, tal y como lo hacía Jimena con su actitud de mujer perfecta y autosuficiente; pero el cuerpo no puede suprimir las estructuras emocionales inconscientes; en el caso de Jimena, se preparaba y luchaba por lograr sus proyectos, pero al prevenir de manera exagerada los posibles errores, de manera inconsciente irradiaba frecuencias energéticas contradictorias de fracaso, de falta de autoconfianza, falta de autoestima. Estas frecuencias impedían que alcanzara los objetivos conscientes.

A veces guardamos estructuras emocionales por distintas experiencias del pasado.

Si algo le salía mal a Jimena, lo interpretaba como un mal presagio, o que le salía mal por algo ocurrido en el pasado. Si llovía cargaba con paraguas, impermeable, tapetes extra, por si el agua se metía al carro.

Es importante que aprendemos a liberarlas, a verlo como un caso aislado, a perdonarnos, a no pensar que siempre que llueve nos van a salir mal las cosas, porque guardar estas impresiones del pasado hace que se estanquen emociones negativas y esto determina en gran medida las situaciones de nuestra vida presente.

> Cuando liberamos los malos pensamientos, nuestro cuerpo empieza a irradiar profundos sentimientos de amor y alegría, atrayendo a nosotros lo que deseamos, pero principalmente lo que necesitamos.

El cuerpo mental tiene como función recaudar la información por medio de nuestro cuerpo emocional, y al integrarla con el entendimiento racional, encontramos soluciones a los problemas en armonía con el universo. Por ello es importante que *no mandes información equivocada a tu ser y al universo.*

Si nos preparamos físicamente con ahínco para lograr un proyecto y al mismo tiempo pensamos en prepararnos por si las cosas salen mal, mandaríamos mensajes contradictorios, y *los pensamientos deben ser siempre congruentes con nuestro actuar.* Podríamos creer sólo en la energía que atraemos y combinarla con el funcionamiento de nuestras neuronas.

La glándula pineal, a la que a menudo llaman "el alma del hombre", se encarga de elaborar dos neurotransmisores –serotonina y melatonina– equivalentes al nivel de conciencia en la neocorteza cerebral. Cuando hay luz, esta glándula produce serotonina, y cuando la luz disminuye en la retina, la pineal deja de fabricar serotonina y produce melatonina, para poner el cuerpo a dormir. La serotonina es el neurotransmisor que te hace levantar e iniciar el día, despierta todo lo que está dormido y lo pone en marcha. Por el contrario, cuando disminuye la luz, se produce la melatonina, la que nos hace sentir cansadas y listas para dormir.

Si generamos pensamientos oscuros en nuestros momentos de luz, sería como si nuestro cerebro produjera melatonina en la mañana cuando vamos a realizar todas las actividades que requieren de energía y atención: sería un boicot de nuestras neuronas a nuestro cuerpo.

Aunque Jimena era una mujer inteligente y capaz, que mostraba seguridad y gran autoestima, todas las cosas que preparaba para prevenir los errores ocultaban a una mujer insegura y llena de miedos. Difuminaba esos sentimientos como un aroma en todo su entorno, por eso atraía una energía de la misma frecuencia.

Aprende a quitarte la ansiedad provocada por pensar que las cosas van a salir mal, como en el pasado, pues esto es una idea arraigada en tu mente. La realidad, nosotros la escribimos segundo a segundo.

Hasta ahora, la mente de Jimena la estaba controlando por medio de todos esos pensamientos pesimistas. Tú no te dejes controlar, tú eres quien manda en tu vida, no tu mente. *Tienes la libertad y el derecho de creer siempre lo mejor de ti, porque lo que crees es lo que creas.*

UN
MATRIMONIO
A LA
ANTIGUA

Sofía era la primera de seis hermanas, niña alegre pero siempre con problemas de autoestima. Cuando presentó dificultades en la escuela, su maestra recomendó que la llevaran a un psicólogo, quien diagnosticó un bajo coeficiente intelectual al comparar sus resultados con el promedio de los niños de su edad.

Luego del diagnóstico, aunque intentaron tratarla como a los demás niños, sus papás pensaron que al inicio de cada ciclo escolar era bueno hablar con sus maestros para recomendarles que tuvieran especial atención con su hija porque tenía un bajo coeficiente intelectual. Sofía perdió el entusiasmo por la escuela cuando se dio cuenta de que el estudio le costaba más trabajo que a los demás niños, así que al terminar la preparatoria decidió dejar la escuela y ayudarle a su madre con las tareas de la casa y la crianza de sus hermanas.

Desde que Sofía se dedicó a las labores del hogar soñaba que un día ella tendría el suyo y un matrimonio como el de sus abuelos, y el de su madre, donde lo más importante era tener todo listo para su esposo y sus hijos.

Pasó el tiempo y en cuanto se casó la hermana que seguía a Sofía, de inmediato los dichos de "hermana brincada, hermana quedada" no se hicieron esperar, pero su mamá siempre la consolaba diciéndole que no se preocupara, que eran sólo dichos populares.

Sin embargo, la duda de lograr sus sueños asomaba a su vida porque no se sentía la más agraciada de sus hermanas: siempre insegura, encerrada en casa creía estar más protegida. Sin darse cuenta, el tiempo paso y sus hermanas se casaron; en una reunión familiar uno de sus cuñados llevó un invitado especial, "miren a quién me encontré en la pastelería." Asombrados lo saludaron, aunque la más sorprendida fuera Sofía, pues Alfredo había sido su novio en la secundaria.

Platicaron con tal agrado que parecía que el tiempo no había transcurrido. La familia de Sofía estaba muy feliz porque a ella le costaba mucho trabajo relacionarse con gente nueva; en tan sólo unos meses las cosas entre ellos fluyeron de forma natural, feliz y decidieron casarse con la anuencia de la familia. Así comenzó el reto.

Alfredo imaginaba la vida de casados de una manera muy distinta a Sofía, pues él, un muchacho dinámico, siempre pensó en hacer equipo con su pareja para que ambos se superaran y tuvieran una vida mejor; al reencontrar a Sofía pensó que si antes no trabajó era porque no había encontrado la oportunidad. Así que de inmediato halló también oportunidades de trabajo para Sofía; llegaba a su casa: "Amor, qué crees, hay una oportunidad para que entres a laborar en la empresa donde está un amigo, ¿qué te parece?" Sofía se ponía nerviosa, experimentaba ansiedad, pues el fantasma del diagnóstico de bajo coeficiente intelectual la perseguía. Para ella, cambiar de una vida de soltera a una vida matrimonial resultó su gran reto y, aunque ya se sentía tranquila, se generaba en ella una nueva inquietud: las ofertas de trabajo que Alfredo le llevaba constantemente.

No era lo mismo transferir solamente las habilidades que desarrolló en la casa de sus padres a la casa con Alfredo que trabajar por primera vez. Sofía buscaba cualquier pretexto para no tomar la decisión: que si era muy lejos de casa, que si el horario resultaba incómodo, que si el rumbo de la fábrica no le gustaba, en fin, siempre había algo.

No pasó mucho tiempo para que Alfredo se sintiera desanimado por la situación, pues se daba cuenta de que la realidad para ellos sería que él tendría que luchar para sacar adelante su hogar, y Sofía, sin tantas actividades como en casa de sus padres, empezó a deprimirse.

Considera la salud física como un elemento fundamental en tu vida. Es necesario ejercitar nuestro cuerpo aunque sea con una caminata de 20 minutos al día para no perder fuerza, tono muscular y ánimo. Asimismo, es importante ejercitar nuestro cerebro. *Shlomo Breznitz* decía que para *mantenerse en forma son necesarios los desafíos, la exigencia, el cambio y la movilidad*, ya que si el cerebro no se ejercita pierde neuronas, conexiones entre ellas, capacidades y flexibilidad para reaccionar al entorno. El mismo empeño que ponemos para ejercitar el cuerpo, lo debes poner para ejercitar tu cerebro, de otra manera no podremos salir nunca de nuestra zona de comodidad. Sin un cerebro equilibrado y fuerte, sería muy angustiante explorar nuevas cosas por miedo a lo desconocido.

Sofía se sentía estancada; cuando Alfredo llegaba con la noticia de que había una oportunidad de trabajo, se entusiasmaba pero su miedo al cambio era tan fuerte que a veces sentía que ese miedo sobrepasaba el amor que le tenía a su pareja y, desde luego, a ella misma.

Lo más sano para el cerebro es el cambio, recuerda que nos cuesta trabajo distinguir entre las cosas que hay que modificar o lo que no nos apetece hacer en algún momento. Si por generaciones Sofía había visto que su abuela, su mamá y sus tías se casaron para ser mujeres de su casa, ¿por qué ella iba a cambiar esa tradición? No tenía ánimo ni ganas de entrar en un ambiente desconocido y luchar.

Si ahora tenía un matrimonio, tal y como por mucho tiempo lo soñó, y podía convertirlo en su zona feliz, estaba complacida.

El problema de tener rutinas prolongadas mucho tiempo, incluso por generaciones, es que el cerebro se acostumbra y ya no necesita pensar porque todo lo hace en automático, con rapidez y eficacia. De modo que explorar algo nuevo será cada vez más difícil.

> La única manera de hacer que el cerebro quiera reactivarse es dándole información nueva, así aparecerán conexiones nuevas entre las neuronas.

Para cambiar tienes que forzar y exponer una necesidad. Busca en tu interior y motívate con el deseo de superarte a ti misma, primero, y después, si tienes pareja, hazlo por ella. No seas una carga, no le dejes toda la responsabilidad de tu vida a alguien más. Esfuérzate.

Sofía no quería cambiar porque ya tenía cierta tranquilidad y a la menor alteración de su rutina sentía ansiedad. Además se frenaba por el diagnóstico psicológico que le hicieron de niña; se sentía en desventaja ante los demás, y cada vez que intentaba algo, regresaba ese demonio y no la dejaba actuar. Pensaba que intentar algo nuevo sería casi imposible para ella, lo mejor era continuar con las labores del hogar que ya dominaba. Tenía habilidad para ello y, lo más importante, se sentía cómoda.

Durante mucho tiempo ha habido conceptos que dominan a la sociedad, como *el coeficiente intelectual*. Por años los psicólogos lo consideraron una capacidad inmutable; hoy en día han descubierto que es algo erróneo. En la actualidad ese resultado es irrelevante porque se sabe que la gente puede cambiar e intervenir en el cambio de muchas de sus capacidades. Luego de replantearse esa idea, vemos cómo las consecuencias en materia de educación son claras.

La educación se centra en el conocimiento descriptivo y en la información, pero no en *las herramientas que permiten gestionar el conocimiento*, guardarlo y recuperarlo con rapidez; para ejercitar estas herramientas necesitas *esfuerzo intelectual*, como leer, enfrentar retos, jugar ajedrez, tener *curiosidad*. Ahora mismo el conocimiento acumulado no es lo que tiene más valor, *sino el conocimiento que se produce día a día*, es decir, toda la información nueva que procesamos manteniendo una mente inquieta. La mejor manera de conseguirlo es por medio de los cambios. Esto generará más oxígeno en las neuronas y tenderá nuevas conexiones entre ellas. El factor clave es la *sorpresa*.

> Toda actividad que genere sorpresa en ti es una forma de entrenar tu mente para estar dispuesta y ávida de cambios.

Por fortuna, Sofía era curiosa, desde niña cada vez que entraba a la cocina y percibía los distintos aromas de la comida, primero se despertaba en ella una necesidad de saber cuáles eran los ingredientes y después cómo prepararla. Ahora debía poner en marcha esa misma curiosidad para quitarse de encima ese mal diagnóstico y transformarse en la mujer plena y feliz que merecía ser.

Hoy su principal motor es la curiosidad, el anhelo de superarse, disfrutarse, saber qué se siente ser independiente, luchar por aquello que un día pensó no lograría.

Debemos ocuparnos de nuestra salud física sin descuidar la mental. Como ya mencioné a lo largo del libro, tu mente responde a lo que haces. Si quieres mejorar tu rendimiento, debes practicar (esta idea no es nada nueva, pero sí efectiva). Al principio, cualquier actividad es muy difícil pero después de hacerla una y otra vez, te das cuenta de que no es difícil y que día con día lo haces mejor.

Al estar consciente de todos tus logros, al mismo tiempo alimentas positivamente tu estado de ánimo, te transformas.

Si Sofía antes se sentía en desventaja ante los demás, al descubrir poco a poco que con practicar cosas nuevas podía sentirse y ser mejor, logró que su estado de ánimo cambiara y se fortaleciera la confianza en sí misma. Aunque le costaba trabajo interactuar con personas nuevas. Es importante que sepas que una manera de ejercitar nuestro cerebro de una forma placentera es estar en constante interacción con otras personas.

Las personas siempre actúan diferente, de tal manera que te estarás enfrentando a distintas situaciones, generando reacciones diferentes en tus pensamientos, nuevas ideas y experiencias, porque el hecho de estar sola con tus pensamientos estanca y a menudo lleva a las personas a la depresión, más que a algo positivo.

Para *Shlomo Breznitz*, mantener la lucidez es un ejercicio tan duro como mantener la línea. Y es verdad que a nosotras nos encanta mantener la línea. Una vez que inicias una disciplina para estar en forma, debes hacerla un hábito. Así que ni lo dudes, supérate y comprométete a amarte y a amar a tu pareja.

MI HIJA
Y YO

Elisa vivía en Acapulco, se casó muy joven con Genaro porque esperaban un bebé. La familia de inmediato la convenció de que lo mejor era casarse y darle una seguridad al pequeño que estaba por llegar. La nueva familia se fue a vivir a Tampico.

La vida de casados es un paso que debe darse libremente y con pleno convencimiento por los retos que representa. Como en todo proyecto se tiene que amar para tener paciencia, entereza, constancia, creatividad y sentido del humor.

Como Elisa se casó empujada por sus padres, las dificultades del día a día cada vez la convencían más de que el matrimonio no era para ella. El tiempo pasó volando y nació una hermosa niña que de inmediato inyectó en Elisa un gran amor por la vida y una gran fuerza para luchar por lo que quería. Genaro no les dedicaba atención, siempre estaba ocupado en el trabajo. Prefería pasar su tiempo libre con los nuevos amigos, no le daba importancia a las necesidades emocionales o económicas de Elisa.

Ella tenía miedo de regresar a Acapulco por los posibles comentarios a los comentarios de padres y amigos.

Si es difícil tomar la decisión de comprometernos en un matrimonio, es casi igual de difícil terminar con un compromiso semejante. Pero debemos asumir la primera responsabilidad con nosotras mismas y nuestro desarrollo personal, y si las ataduras a una relación nos limitan, es momento de tomar las riendas de nuestra vida y pensar con valentía: lo peor que podemos hacer es no actuar, no superarnos, quedarnos estancadas en una relación donde el amor no floreció. A la larga terminaríamos frustradas y ambos se convertirían en un ejemplo muy desafortunado para su hija.

Elisa asumió su responsabilidad, tomó fuerza cada vez que abrazaba a su hija y regresó con su familia. Al principio fue complicado explicarles su sentir y las razones de su decisión, pero por fortuna sus padres cambiaron de opinión cuando vieron a Elisa tranquila, además de que su nieta los hizo muy felices.

Esta libertad y la oportunidad de comenzar de cero con sus propios recursos para salir adelante tenían motivada a Elisa que, al poco tiempo, encontró un trabajo en el que podía progresar y llevar el sustento para su recién formada familia.

Sin embargo, un fenómeno nuevo se suscitó en su vida, pues ahora que sus amigas y familia la veían repuesta del matrimonio fallido, empezaron a preguntarle si entre sus planes estaba rehacer su vida con alguien más: "¿Cuándo te vas a dar la oportunidad de reencontrarte con el amor? ¿No crees que tu hija necesita la imagen paterna? ¿Cómo no te has vuelto a casar, ni tienes pareja? ¿Qué anda mal contigo?"

La célula de la sociedad es la familia. Siempre que escuchamos la palabra *familia* nos viene a la mente la imagen de mamá, papá e hijos, de otra manera estaría incompleta. Esta visión de la sociedad puede crear inseguridades, dudas y minar la autoestima de las personas.

> El aprender a tener conciencia de los resultados negativos de nuestras decisiones genera una autodisciplina en nuestro interior.

Para ser más fuertes y sabios cada día, en vez de quejarnos de nuestros errores hay que aprender de ellos. Cada vez que te esfuerzas por hacer conciencia de lo que estás viviendo, aprenderás a decidir con mayor madurez y mayor asertividad.

Al escuchar los comentarios de todos sobre si no buscaría una imagen paterna para su hija y rehacer su vida, Elisa se inundaba de dudas, pues en ella pesaban todas las peticiones y aspiraciones para ella y su pequeña hija.

Sentía que era feliz y no le hacía falta nada más, estaba convencida de que la vida de matrimonio no era para ella, pero la sociedad le decía que no era suficiente para ella y su hija. Estos pensamientos le robaban energía, alegría y tranquilidad.

El Dalai Lama nos enseña que el amor, la compasión, la fe, el perdón son cualidades mentales que reducen odio, enojo, miedo, sospecha. Las emociones negativas también **son parte de nuestra mente**; por el contrario, la alegría y la paz **son experiencias de la mente**. Para reducir tu sufrimiento, trabaja con las emociones negativas y destructivas que hacen aparecer las cosas que no queremos. Por eso, como hemos visto en otros capítulos, es importante tener un claro conocimiento de la mente.

La única manera de trabajar con las emociones destructivas es por medio de la mente; no a partir de algo material, como cirugías o agregar un estado civil a nuestra vida para complacer a la sociedad, como pretendía Elisa.

Su conflicto emocional la agotaba. Cuando hay ideas tan contradictorias en nuestra mente como complacer a los demás con algo que no nos convence y seguir nuestros ideales, se pone en peligro nuestra felicidad.

Por fortuna, podemos terminar con la inseguridad, las dudas, el enojo y todas las emociones destructivas: mediante los pensamientos opuestos incrementamos nuestras emociones constructivas como el amor, la compasión, la fe y el perdón. A menudo no somos conscientes de cuáles son nuestros pensamientos destructivos, como le ocurría a Elisa que, al escuchar a la sociedad, dudaba de sus propias convicciones.

A veces damos más peso a las razones de los demás que a las propias, ponemos en tela de juicio nuestras capacidades y cualidades y nos comparamos con otros. En vez de fortalecer nuestra autoestima la debilitamos. Tremendo embrollo que nos debilita y confunde, alejándonos del camino real de nuestra felicidad.

Nuestra mente trabaja de forma activa, a la par de nuestros pensamientos, pero muchas veces no van en la misma dirección. La conciencia sensorial domina, por eso solemos tomar decisiones o creemos en lo que sentimos sin analizar y reflexionar a conciencia las consecuencias, dolorosas o no a la larga.

Pasamos mucho tiempo intentando aprender de lugares, personas, costumbres, platillos, con la idea de ser conocedores, disfrutar más la vida y ser felices. Pero hay que equilibrar la balanza, conoce tu mente y trabaja con ella para lograr todos tus objetivos de manera pacífica y amorosa.

El Dalai Lama nos enseña acerca de los diferentes niveles de conciencia de la mente:

1. Mientras dormimos, la conciencia sensorial deja de funcionar y el pensamiento pasa a otro nivel. En otro estado más profundo del sueño, ya sin soñar, está la mayor profundidad de la conciencia de la mente. En esa profundidad se detiene la respiración y bajamos a otro nivel. La conciencia sutil es la que da indicaciones. Las diferentes conciencias son el tesoro del conocimiento.

La mente pasa de un nivel de conciencia a otro; es decir, la transición de un estado mental virtuoso a uno neutral en los niveles más sutiles de la conciencia puede afectar el estado mental: de un estado neutral se pasa a uno virtuoso.

Por el contrario, los estados mentales destructivos, es decir, los no virtuosos como el odio, la duda, el resentimiento, operan únicamente a cierto nivel de conciencia; más allá de los niveles de conciencia sutiles no surgen los pensamientos y las emociones destructivas no virtuosas: simplemente no pueden funcionar. Esto sugiere que sólo funcionan en los niveles de conciencia más bajos. Por lo tanto, cuanto menos conscientes somos de nuestros pensamientos, nuestra mente puede abrirle la puerta con mayor facilidad a todo lo negativo, como las dudas que afectaban a Elisa.

Si, en cambio, cada día nos disciplinamos por aumentar la profundidad de conciencia de nuestros pensamientos y ponemos atención a lo que vivimos, asimilando nuestros pensamientos sin dejarnos llevar por los sentimientos, nuestra mente estará preparada y abierta para trabajar con un estado mental virtuoso.

Por fortuna, la vida gira alrededor de la ley de la causalidad (causa y efecto) porque nos impulsa a una autocreación y a la *cocreación*. Todo lo que nos sucede, todas nuestras acciones, incluyendo todo lo que decimos, depende de nuestras motivaciones. ¿Cuáles son tus motivaciones?: ¿superarte?, ¿desquitarte de algo que te lastimó?, ¿aprender a perdonar?, ¿vengarte?, ¿darle gusto a los demás a costa de tus ideales?

Tus motivaciones son tu mente. De acuerdo con la ley de la causalidad, las cosas que queremos y las que ya no queremos, todo tiene que ver con nuestras motivaciones. Por eso, si quieres lograr una vida feliz, llena de alegrías, deja de pensar qué puedes comprar o qué te puedes operar, o si no tienes pareja; deja de estar pendiente del qué dirán, y mejor invierte tu tiempo y tus recursos en cuidar tu mente y tus motivaciones.

Mujer femenina

Rose fue una niña muy deseada. Cuando nació, sus padres eran los más felices del mundo, estaban tan agradecidos con la oportunidad que la vida les daba de ser padres, que se desvivían por atender a la pequeña. La llenaban de moños rosas, tul y flores por doquier. Conforme fue creciendo Rose, los moños y los tonos rosados empezaron a disminuir, pues no le simpatizaban mucho. Su vestuario empezó a conformarse de camisetas y *jeans*. Si en algún momento decidía ponerse algún vestido, era por insistencia de su madre, a quien le encantaba verla con detalles femeninos. Cuando la niña llevaba pantalón o el pelo revuelto, su mamá le reprochaba: "Ay, hija, ¿por qué no eres más femenina?"

Además de amorosa, su madre era un gran soporte. Siempre que Rose necesitaba algún consejo, con mucha asertividad platicaba con ella. La única piedra en el zapato era cuando la veía caminar o hacer algún ademán, nunca faltaba esta repetida expresión: "Ay, hija, ¿por qué no eres más femenina?" Pero a pesar de estas palabras, Rose era una mujer muy sensible y le gustaban las cosas femeninas en las demás mujeres.

Desde que estaba en la secundaria sentía un cariño muy especial por Rita, su mejor amiga. Le gustaba estar con ella, abrazarla, mirarse en sus ojos, hasta que cambió de escuela. En la Universidad conoció a Nancy, una chica muy afín a su forma de pensar, a sus sueños, visión del mundo y a la diversidad. Se sentía cómoda, en paz y fuerte a su lado... pero tan sólo pensar en sus padres, en las palabras de su madre que cuestionaban su femineidad, la hacían frenar lo que era y lo que sentía. "Las palabras pueden forjar la realidad, pero no lo es [...] decía, abre tus ojos, mira adentro"; pero a Rose le costaba trabajo aceptarse por miedo a desilusionar a su madre. Prefería ir con un psicólogo y decir una verdad a medias para ser diagnosticada con depresión y recibir ansiolíticos.

La relación de madre e hija era buena, sin embargo carecía de esa parte tan importante que es compartir los sentimientos de alguien. Matilde observó que desde pequeña su hija tenía más afinidad para convivir con las niñas que con los niños; aunque era una joven bella, no la buscaban los muchachos y cuando alguno la llamaba, Rose siempre se negaba. En el fondo Matilde sabía que su hija era diferente y que sus gustos eran distintos, pero no quería aceptarlo porque hubiera sido renunciar a los sueños de ver a su hija casada con un hombre y darle nietos. Enfrentar la realidad posiblemente sería vivir discriminaciones, Matilde sabía que para ella la vida sería más difícil de lo que ya era.

Imaginar a su hija con otra mujer era en sí mismo frustrante. No sabía cómo manejar la situación porque ella había imaginado un futuro distinto para ella, pero no quería perder su cariño con expectativas rechazadas por la sociedad. La felicidad de su hija valía más que cualquier sueño efímero.

En la actualidad muchas personas prefieren evitar el dolor con remedios temporales; por eso ha aumentado el consumo de antidepresivos, de azúcares procesadas en nieve, vino, pan, sin darnos cuenta de que eso disminuye la capacidad de reacción de nuestro cuerpo. Un cuerpo debilitado no puede transformar nuestra realidad, pues el contacto con nuestra fuerza interior nos impulsa a luchar por nuestro bienestar.

Si los ideales de la mamá de Rose eran diferentes, no era motivo para dejar de lado la vida y no aceptar lo que se es. El diálogo siempre será una llave de oro que nos abra las puertas. Acompañados de sentimientos sinceros abrimos un mundo de posibilidades, y eso era lo que necesitaba hacer Rose con su madre. Para entablar este diálogo tan esperado primero necesitaba aceptarse a sí misma con sus preferencias, aciertos y desaciertos, pues la felicidad siempre será el contraste de los buenos y los malos momentos.

> Nuestra responsabilidad es fomentar a conciencia el mayor cúmulo de emociones positivas.

Rose tenía que ser honesta con ella y su familia, el temor de ser honestos no nos permite ver que las puertas sólo están cerradas en nuestra mente.

Las emociones positivas pueden estimularse de muchas maneras, pero el primer paso y el más importante es aceptarnos. Claro que nuestras dudas, la incertidumbre de lo que puede suceder por mostrarnos tal y como somos, nos hace tener distintos niveles de aceptación. ¿Hasta qué punto nos aceptamos?

Me gusta mi cuerpo pero… si tuviera más de esto, o menos de lo otro…

¿Qué tan seguro te sientes? Completa

- No hablas en público porque _____.

- No te animas a hablarle a una persona que te gusta porque _____.

137

Una de las maneras de ahondar en la naturaleza profunda de nosotros mismos es la meditación. La filósofa budista Tantra Yala me enseñó una forma de meditación que puede servir para la aceptación personal; consiste en mirarnos al espejo fijamente por tres minutos. Ahí podrás observar muchas cosas interesantes. Toma nota a conciencia de los primeros pensamientos que llegan a ti sobre tu persona: si te cuesta trabajo encontrar cosas positivas o no resistes verte tres minutos, no estás acostumbrada a encontrar la felicidad en ti misma, sino que sueles buscarla afuera.

Recuerda que todas las costumbres se pueden cambiar. Después de observarte por tres minutos, aumentarás dos y te dirás sólo las cosas positivas que ves, así te transmitirás mensajes positivos de apoyo; empezarás a gustarte, a confiar en tus cualidades, verlas, aceptarlas, a adquirir fuerzas e incrementar tu poder interior.

Es cierto que confiamos más en el poder de lo externo que en nuestro interior.

Por último, te observarás unos minutos más para decirte que te amas. Siéntelo realmente. Cuando logras amarte sin condiciones, sin más o menos panza, sin más o menos arrugas, sin tener los ojos de otro color, sin querer ser más extrovertida, es decir, amarte tal y como eres, lograrás desprenderte de prejuicios y miedos.

Aceptarse a uno mismo es la clave para aprender a gestionar las emociones que activan la amígdala, la parte del cerebro más reactiva: que nos hace vulnerables a la búsqueda de estrategias de huida o soluciones a corto plazo, como el alcohol, el ansiolítico y los antidepresivos, sin permitir que la información viaje a nuestro lóbulo prefrontal y tomemos una decisión equilibrada, basada en nuestros pensamientos emociones y razonamientos.

Vicens Olivé, director del Instituto Gestalt de Barcelona, desarrolló una técnica para lograr cualquier tipo de metas personales, ya sea en el ámbito personal, familiar y profesional. Yo quiero compartirla contigo para que, si estás en el mismo caso que Matilde, aceptes la sexualidad de tu hija y ella sea feliz por encima de tus expectativas.

Pregúntate:

¿Cómo me gustaría que fuera la relación con mi hija, lejos de sus preferencias sexuales?

Con tus ojos cerrados imagina un camino al futuro. Da unos pasos al frente, detente donde quieras. Ve la relación con tu hija, imagínala como más la quieras. Una vez que estés en ese tiempo, escucha los sonidos: las voces, las risas. Ahora revisa cómo está tu alma, tu corazón, tu cuerpo, di cómo se siente y disfrútalo, llénate de ese bienestar y de esa felicidad.

Después de trabajar con la imagen, el sonido y las emociones, abre tus ojos y regresa al presente. Recuerda que para lograr algo, todos los objetivos deben estar bajo tu control; es decir, cuestiónate qué puedes hacer hoy para que ese momento con tu hija sea una realidad.

Nuestra neurología funciona con cosas muy concretas, como aceptar que los gustos de nuestros hijos son distintos a los nuestros. Si estuvieras en el caso de Matilde y tuvieras una hija como Rose, no deberías obligarla a sentirse cómoda con lo que tú crees que es mejor.

Los anteriores son ejemplos de algunas de las acciones concretas que puedes emprender para lograr tu objetivo. Las personas necesitamos un gran sueño y el día a día de nuestras acciones concretas en perfecto equilibrio, serán la mejor receta para lograr nuestros proyectos de vida.

Cuando se trata de lograr proyectos que nos darán mucha paz, felicidad y bienestar, los que quisiéramos lograr con mayor rapidez, ten presente que es más importante la dirección que la velocidad. Es mejor saber hacia dónde vas, que cuándo vas a llegar. Sé paciente y ve paso a paso, trabajando con tus pensamientos y luchando por la felicidad y la realización de ambas, con el estandarte del amor y el respeto en cada acción. Si quieres que tu hija esté rodeada de amor y aceptación, debes introducir estos valores en el seno familiar.

EL
COLOR
DE LA
VIDA

Vanesa era una mujer decidida, fuerte, valiente y muy temperamental. Estaba casada con Andrés, joven empresario envuelto siempre en sus negocios, con un ambicioso proyecto de importación de artesanías que por aquellos días tenía mucho auge. Ambos criaban dos hermosos niños de 13 y 11 años. Habían sido una familia feliz y muy sólida hasta que la saturación del trabajo generó una ola enorme de sentimientos encontrados en Vanesa.

Por un lado, estaba contenta por los logros profesionales de su esposo, pero por otro se sentía sola ante la falta de apoyo para educar a sus hijos. Le pidió a Andrés que pasara más tiempo con ellos, le ayudara con los hijos, pero él se negaba: "Mira, yo traigo el sustento a esta casa, encárgate tú de la educación de nuestros hijos."

La falta de apoyo hizo que Vanesa se sintiera sola y decepcionada; estas emociones la convirtieron en una mujer poco tolerante e impaciente. Con ello, inevitablemente, se abrió una barrera que le impedía convivir con sus hijos de manera pacífica y amorosa, pues a la menor provocación se enojaba con ellos, les gritaba y vivía en una total histeria. Empezó a refugiarse en sus sentimientos de descontento, y se mostraba cada vez más ausente, sin aprecio por nada en la vida.

Vanesa culpaba a su marido de todo lo que pasaba. Era difícil encontrar una solución, pues sólo se enfocaba en buscar un responsable de lo que iba mal.

En esos casos, esperar a que la situación cambie por sí sola es casi como firmar la sentencia de muerte. Por ello es muy importante identificar cuál es la emoción principal que desencadena todas las demás, y a su vez las acciones negativas para modificarlas.

Vanesa estaba enojada porque necesitaba más tiempo e involucramiento de su esposo en la crianza de sus hijos; pero sentirse enojada, frustrada y decepcionada no resolvería la situación ni mucho menos la cambiaría; al contrario, ello agregaría problemas a la relación y le acarrearían una depresión.

Para no confundirnos y resolver paso a paso alguna situación es importante tener claro cuáles son las causas del problema, qué desencadena tus emociones. Las causas son todo lo que precede al acontecimiento, lo que alimenta la tensión de nuestra emoción. Las emociones de enojo duran en nuestro cuerpo nueve minutos, pero ¿por qué hay personas que duran años enojados por el mismo suceso? Porque nuestros pensamientos están alimentando esta emoción cada vez que tienes este diálogo interno: te quejas, te sientes agredida y revives el momento con lo que pudieras decirle o con lo que le dirás para la próxima vez a tu interlocutor.

El desencadenante es una situación que viene del exterior, que va a provocar una reacción en tu interior y generará una emoción en una fase de gran intensidad. Puede expresarse desde distintas formas verbales: tono de voz, gestos o actitudes.

Puedes detectarlo mediante tus cinco sentidos; una vez que identifiques los desencadenantes, sabrás a qué eres sensible en ciertas situaciones y comprenderás mejor la forma en que vas a externar esa emoción. En un principio, tu herramienta clave para responder a los enojos y sus emociones es identificar a qué eres sensible, pues estas situaciones se convertirán en el principal detonante de tus agresiones.

Una vez que detectes qué te agobia, haz conciencia de la raíz del problema. Quizá tu esposo esté más ausente por una situación de trabajo que a la larga beneficiará a la familia. Después recuerda que todo en la vida es temporal y esa etapa terminará y volverán a estabilizarse; pero cuando llegue ese momento tú y tu familia deberán estar más unidas para disfrutar los frutos del esfuerzo.

Por el momento trabaja en el desarrollo de tu propio bienestar para transmitirlo a toda tu familia.

La cromoterapia ayuda a nuestro bienestar. Todos los colores tienen virtudes y pueden ayudar a calmarnos, hacernos reposar o a dinamizarnos. Te propongo sólo algunas especificaciones breves al respecto para que tengas una idea de cómo influye en nuestras vidas y, si lo deseas, busques más información al respecto para que cuando escuches el término *cromoterapia* no pienses que es un trabalenguas fácil. Así que, allá van algunos ejemplos:

Rojo

El rojo despierta los sentidos (tal vez los tengas muy alerta e identifiques las situaciones que pueden ponerte más sensible y hacer que estalles en cólera o quizá te sientas súper triste, entonces buscarás la forma de tener tu alma más equilibrada). El rojo es el color de la vida, nos estimula y atrae nuestra mirada de manera que nos enfoquemos mejor.

Usarlo en ropa o adornos sirve para llamar la atención, provocar una emoción positiva, generar sorpresa o curiosidad, romper con tus hábitos emocionales –de conformidad, de actitudes negativas–; recuerda: lleva un detalle en rojo o colócalo en tu decoración.

Amarillo

Es considerado como un tono alegre y cálido, sería una buena opción cuando te sientas con el ánimo bajo, o si vas a enfrentar una situación que se puede poner hostil, pero no te confíes: así como genera alegría también propicia el cansancio de la vista y hace llorar a los bebés; como sucede en la vida, algo que te funcionó en un momento no asegura que siempre será una buena herramienta en todas las situaciones; el éxito de los remedios no está en su contenido sino en la manera en que los gestionamos según la situación.

Azul

Sin duda, has notado que algunos logos de hospitales son de este color, o que el de muchas empresas productivas también son azules; es porque propicia la calma, la productividad y la serenidad; también es sinónimo de confianza y seguridad, por lo tanto si necesitas realizar estos valores en ti o en tu matrimonio, este tono en tu decoración o algún detalle en ti, te ayudarán; y eso sin contar que es el color preferido de los hombres. Por lo tanto, si necesitas reavivar la confianza y la seguridad en tu relación ya sabes de qué color elegir tu vestido. Ten presente que los colores siempre serán un elemento de fuerza en nuestra vida, pero lo más importante son nuestras acciones y actitudes, si no trabajas en tu autoestima y en compartir con tu pareja, estarás boicoteando el poder del azul para generar confianza.

Morado

Es el color de los reyes porque significa lealtad, bienestar, éxito y sabiduría. Si te sientes confundida y necesitas sabiduría para tomar una decisión o actuar de la mejor manera, este color alertará tus neuronas de tal manera que aunque no tengas todos los conocimientos tus experiencias te pueden hacer fuerte para tomar una decisión sabia. Confía en tu experiencia aunque a veces la memoria nos falle; las experiencias pueden ser una enseñanza permanente para ti.

Rosa

Este color en particular es de mis favoritos, pues además de ser un tono romántico nos hace sentir cariño, amor y protección, nos aleja de la soledad y nos convierte en personas sensibles, de tal manera que no sólo atraerás el cariño de los que te rodean, también estarás abierta a darlo. Estos sentimientos son útiles en tu vida diaria si has decidido ponerte a dieta, ser más paciente, más disciplinada o algo que requiera de tu voluntad. Cuando rompemos la dieta, por ejemplo, nos sentimos culpables y nos cuesta trabajo seguir con nuestro objetivo; un cuarzo rosa te ayudará a perdonarte con mayor rapidez para retomar tu camino.

Verde

A este color lo relacionamos con situaciones ecológicas porque nos recuerda a la naturaleza. Te servirá mucho si lo usas cuando necesitas comunicar ideas precisas, pues como es un color que nos ayuda a armonizar con lo que nos rodea, podrás estar a tono para comunicarte con claridad, facilidad y asertividad. Recuerda que hablar desde el sentimiento ayudará a que tu pareja te comprenda y evitará que hables desde sus errores, ya que esto sólo pondrá a ambos a la defensiva.

Utiliza un verde claro, parecido a los tonos de una planta recién salida de la semilla, pues el verde oscuro representa el principio de la muerte, la negación de la vida y de la alegría. Por eso algunos uniformes militares son de este tono.

Naranja

Este color libera las emociones negativas, estimula la mente, renueva la ilusión en la vida y es el perfecto antidepresivo. Cuando nos molestamos o tenemos problemas en nuestro trabajo, a veces es difícil desprenderse de esa emoción y por eso llegamos a casa contaminados de este sentir negativo; utiliza algún objeto naranja para recordar que no debes combinar los conflictos del trabajo con los de tu hogar y así evitarás discusiones innecesarias. Si al expresar tus emociones te da pena y prefieres guardarte todo para luego estallar, puedes portar algún detalle en este tono, te ayudará a expresar tus sentimientos e ideas asertivamente. La bondad de este color también te hará más comprensiva con los defectos de los demás y con los propios, de tal manera que si trabajas en ellos con tu pareja su relación estará en constante mejora.

Los diferentes tonos, como los matices que hay en la vida, nos pueden servir para darles una función específica: aprender de ellos o generar una fuerza en nosotros, así que vive, disfruta y aprende de los colores y de los matices de la vida.

NO HAY MAL QUE DURE CIEN AÑOS

Imelda era una mujer madura con un matrimonio consolidado. Ya había superado muchos retos y también vivido tiempos difíciles. Los de hoy eran tiempos de bonanza.

Ella y su marido estaban jubilados, vivían en una casita hermosa. Sus dos hijos tenían sus vidas hechas y les habían dado unos nietos maravillosos. En medio de este panorama tan afortunado, algo ensombrecía su felicidad.

No entendía por qué la relación con sus nietos era muy difícil. Ellos eran distantes, no les gustaba platicar mucho con la abuela, y mientras más breve fuera el tiempo que estuvieran juntos, mejor. A veces, sólo notamos lo que nos enoja o lo que nos pone tristes, pero cuando se trata de las personas solemos pensar que algo está mal en los demás, sin revisar nuestro interior.

Para Imelda, a sus años, era muy difícil aceptar sus errores, con tanta experiencia no aceptaba ninguno. La experiencia no significa tener siempre la razón o acertar siempre, sino tener la capacidad de observar nuestros errores con disposición de aprender y reparar, si es posible, lo más pronto nuestra falta.

A cierta edad se cree que se ha aprendido lo suficiente para vivir el día a día, pero la convivencia con los nietos para Imelda era cada vez más como tratar con un extranjero, con idioma, costumbres e ideas distintas.

Aristóteles decía que enseñar no es una función vital, porque no tiene un fin en sí misma; la función vital es aprender. Imelda era muy sabia por las múltiples experiencias que la vida le había entregado; no obstante, frente a sus nietos se sentía insegura e ignorante. Era tanta la tecnología, los modismos que usaban, que la saturaban haciendo que se enfadara y se sintiera agobiada cada vez que los veía. Y, cuando no los veía, los extrañaba.

Imelda cada vez sentía más pesadez al andar, cada vez menos energía y más necesidad de estar cerca de su familia; pero cuando se trataba de convivir con sus nietos, terminaban discutiendo y se daba una despedida anticipada.

Ella era muy sabia, tenía la capacidad de compartir grandes enseñanzas para la vida, todas las abuelas tienen esa información:

- ¿Qué te salva la vida? ("siempre confía en tus capacidades").

- ¿Qué te hace conservar un buen trabajo y un buen amigo? ("sé honesto contigo mismo y con los demás").

- ¿Qué hace que tus suegros te adoren? ("sé caballeroso, no subas los codos a la mesa, no sorbas de tu cuchara").

- ¿Qué hace que encuentres al amor de tu vida? ("escucha tu corazón y recuerda que el romanticismo nunca pasa de moda").

- ¿Qué hace que no te pierdas en el camino? ("nunca vivas de un sueño, los sueños son para hacerse realidad").

- ¿Qué te hace enfrentar cualquier reto? ("Dios nunca te manda sin equipaje a ningún reto o dificultad; siempre te dará una herramienta que debes descubrir y, una vez que sepas cuál es, disciplínate para desarrollarla").

¿Tanta sabiduría se puede perder en el tiempo? ¿Es verdad que los jóvenes hoy en día son unos tiranos, que contradicen a sus padres, devoran su comida y le faltan al respeto a sus maestros?

Lo que dijo el filósofo griego Sócrates nos sigue pareciendo actual. Creo que es un momento excelente para que Imelda dé un giro a la situación y ponga en práctica la segunda parte de la frase de Aristóteles: "La función vital de enseñar es aprender."

No tiene tanto valor la edad que tengas, ni la cantidad de experiencias acumuladas, como la disposición de seguir acumulando experiencias sin importar nuestra edad. Debemos tener la disposición de escuchar a los jóvenes, no sólo en su forma de pensar y sentir, sino de expresarse. Hay que abrirse a la oportunidad de afianzar la relación con los nietos (o con personas más jóvenes), pues si no nos esforzamos por entenderlos y bajamos la guardia, aceptando que no poseemos los conocimientos para resolver dudas o comprender lo que nos están diciendo, podríamos cambiar de humor y abrir la puerta al mal genio, por desesperación.

Una manera de amarte y conservar junto a ti el amor de los que te rodean es aceptar que eres aprendiz hasta el último día de tu vida.

Dispuesta a enamorarme

Las diversas circunstancias pueden generar contratiempos, retos, decepciones, tristezas o limitaciones, todo esto nos hace poner en franca consideración estar dispuestas a enamorarnos.

¿Realmente vale la pena enfrentar retos y trabajar por el desarrollo de una pareja, cuando de por sí ya es difícil hacer un trabajo personal y disciplinarnos para lograr nuestro propio crecimiento?

Ernesto Mallo decía: "No amar por temor a sufrir es como no vivir por temor a morir." La reflexión de este libro no va en el sentido de poner en tela de juicio el amor por una pareja o poner en la balanza qué es mejor, luchar y ver por nuestros sueños solas, o con una pareja.

La vida en pareja puede ser extraordinaria, el mejor impulso y apoyo para lograr metas en esta vida; pero para tener un buen amigo o una buena pareja, debemos empezar por ser buenas amigas y una buena pareja. Es decir, crear compromisos sólidos con nosotras mismas, amarnos y respetarnos a plenitud para aspirar a que los demás nos otorguen estos valores.

La Tierra en el universo es lo que para nosotros es un protón. El protón es una partícula minúscula que, con el neutrón, forma el núcleo de los átomos. Los protones son más pequeños de lo que se pensaba. Nuevas medidas del Instituto Paul Scherrer en Suiza dan como radio del protón un valor de 0.84184 femtómetros (un femtómetro equivale a una milbillonésima parte de un metro); es decir, cuatro por ciento más pequeño que los valores antes medidos (para comparar, el grosor de una hoja de papel en relación con el radio de la Tierra da lo mismo que el radio del protón en relación con el grosor de la misma hoja).

No parece mucho, pero tiene consecuencias importantes para la física. Ya se pueden imaginar lo tremendamente difícil que es medir el tamaño de algo tan minúsculo. El Sol mide 1 398 611.668 km; la estrella Arturo 35 944 320.044 km; NML Cygni, la estrella más grande conocida, 1 650 radios solares; la vía láctea 100 000 años luz; Andrómeda (M31) 120 000 años luz aproximadamente; la Galaxia de Bode 144 000 años luz aproximadamente; la Galaxia Cartwheel 150 000 años luz; IC 1011, la galaxia más grande conocida mide 6 millones de años luz; pero hay más, la gran muralla, 500 millones de años luz de largo, 300 millones de años luz de ancho y 15 millones de años luz de espesor; gran muralla de Sloan (la estructura más grande del universo hasta ahora) 1 370 millones de años luz. En total, el universo observable mide 186 000 millones de años luz. No hablamos del tamaño real del universo, pues hasta ahora es infinito y diversas teorías señalan que sigue creciendo.

Después de leer estas medidas, apenas podemos vislumbrar lo increíble y majestuoso que es que, con lo pequeños que somos en tanto espacio, en algún momento podamos coincidir en un mismo instante con una persona que despierte un sentimiento tan especial como el amor. Eso es un verdadero milagro que debe tener una razón muy valiosa desde el aprendizaje. Despertar sentimientos que creíamos inexistentes en nosotras, desarrollar fortalezas que nos hagan mejores personas, para crecer espiritualmente y ser tan grandes como el universo, porque el amor y las emociones positivas pueden ser infinitas, porque el trabajo que podemos desarrollar por ellas puede ser tan constante como quieras.

NOTA FINAL

Querido lector si quieres abundar en alguna de las técnicas que propongo en este libro, te recomiendo las siguientes fuentes:

Libros

Goleman, Daniel (2010), *La inteligencia emocional*, Zeta Editores.

Heller, Eva (2014), *Psicología del color,* México: Gustavo Gili.

Olivé Pibernat, Vicens (2014), *PNL & Coaching: Una visión integradora*, España: Rigden Institut Gestalt.

Rodríguez de la Torre, Marta Eugenia (2011), *Todo sobre el cerebro y la mente*, Planeta.

Soutif, Arnaud (2012), *Cuaderno de ejercicios para vivir bien tus emociones*, (trad. Joachim De Nys), España: Malinka.

Conangla, M y Soler, J. (2014), *Ecología Emocional para el nuevo milenio*, España: Amat.

Sitios Web

Biografías y Vidas, *La enciclopedia biográfica en línea* [en línea]. 2004-2015 [fecha de consulta: 20/01/2015]. Disponible en: <www.biografiasyvidas.com>.

Márquez, Disilfredo, *Los tamaños del Universo (qué tan pequeños somos)* [en línea]. 9/11/2012 [fecha de consulta: 6/06/2015]. Disponible en: <www.youtube.com/watch?v=8HY2mYSGc1U>.

Prometo amarme y respetarme todos los días de mi vida, de Adriana Macías
se terminó de imprimir en septiembre de 2015
en los talleres de Litográfica Ingramex, S.A. de C.V.
Centeno 162-1, Col. Granjas Esmeralda,
C.P. 09810 México, D.F.